围棋实战技法丛书

围棋死活实战技法

马自正　编著

时代出版传媒股份有限公司

安徽科学技术出版社

图书在版编目(CIP)数据

围棋死活实战技法 / 马自正编著.--合肥:安徽科学
技术出版社,2017.6
(围棋实战技法丛书)
ISBN 978-7-5337-7201-7

Ⅰ.①围… Ⅱ.①马… Ⅲ.①死活棋(围棋)-基本
知识 Ⅳ.①G891.3

中国版本图书馆 CIP 数据核字(2017)第 115535 号

围棋死活实战技法   马自正　编著

出 版 人:丁凌云　　　　选题策划:刘三珊　　　　责任编辑:田　斌
责任印制:廖小青　　　　封面设计:吕宜昌
出版发行:时代出版传媒股份有限公司　http://www.press-mart.com
　　　　　安徽科学技术出版社　　　　　http://www.ahstp.net
　　　　　(合肥市政务文化新区翡翠路 1118 号出版传媒广场,邮编:230071)
　　　　　电话:(0551)63533330
印　　制:北京富达印务有限公司　　　电话:(010)89580578
(如发现印装质量问题,影响阅读,请与印刷厂商联系调换)

开本:710×1010　1/16　　　印张:14.75　　　字数:265 千
版次:2017 年 6 月第 1 版　　2017 年 6 月第 2 次印刷

ISBN 978-7-5337-7201-7　　　　　　　　　　　　定价:29.50 元

前　言

　　"死"和"活"可以说是围棋的灵魂，一盘围棋在对弈过程中从布局、中盘、收官无不贯穿着死活。不会做死活就是不会下围棋。

　　有人请教围棋泰斗吴清源大师："如何提高棋力？"大师的回答既干脆又简单："在死活上狠下工夫！"国内外围棋高手无一不在死活上花过大量时间去学习和研究，可见死活在围棋中的地位何等重要！

　　做死活就是杀死对手的棋和做活自己的棋（包括劫）。笔者以几十年的教学经验，将做死活的方法简单归纳成两个方面。杀棋时用"填塞"和"压缩"，所谓"填塞"是指在对方内部填入自己的棋子，使其成为死棋；"压缩"是指从外面把对方的棋形向里压缩，使之成为死棋。而做活则正好相反，用"扩大"和"多做眼位"（包括双活），"扩大"是指尽量扩大自己的围地范围，使之成为活棋，称为"地活"；"多做眼位"是指让自己有多处做眼的可能，使对方不能同时破坏最少两处眼位而活棋，如"三眼两做"，这叫作"眼活"。

　　特别要提醒初学者注意的是，做死活题时有三个结果，即活（包括双活）、死、劫。尤其是劫，初学者往往会疏忽。

　　初学者千万不要好高骛远，更不能只以杀棋为快，应在做死活上多花时间，只有这样才能提高棋艺。

　　笔者对学生的要求是每天至少做两道死活题，而且一定要搞清各种变化，这样循序渐进，棋艺才会得到提高。

　　现从平时教学的死活题中，精选226道典型题归纳成集，以初级题为主，加入少量中级题，每题均有正解、失败、参考三图和详细解说，以供初学者学习和参考。

　　我们的口号是："学好做活和杀棋的技巧既是围棋的基本功，也是提高棋艺的最佳选择。"

编　者

目　录

概述 死活常形

为了让初学者在做题目时方便一些,现将基本死活常形介绍如下。

一、死棋

直二:

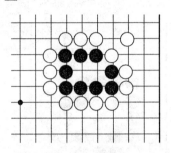

方块四:(又称方聚四)

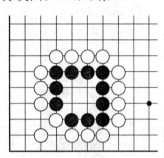

这两个形状即使是黑棋先手也做不出两只眼来,所以是死棋。

二、先手活、后手死

直三:

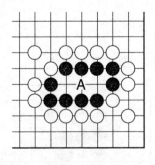

曲三:(又称拐三、弯三)

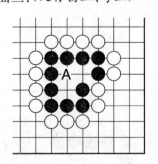

丁四:(又称花四、聚四、钉四、斗笠四、笠帽四)

花聚五:(又称花五、聚五、梅花五)

— 1 —

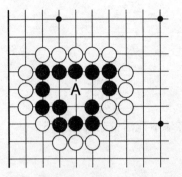

刀五：（又称绛节五、刀把五、扳刀五、排刀五、菜刀五）

牛头六：（又称花六、聚六、花幡六、葡萄六、拳头六、花聚六）

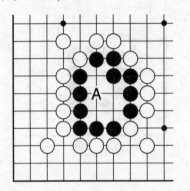

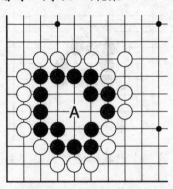

以上六个形状的 A 位均为死活变点，黑棋先手占住可活，白棋先手点后黑死。

三、活棋

直四：

曲四：（又称弯四、拐四）

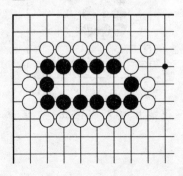

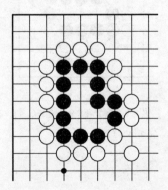

以上两型不用补成两只眼,白先也点不死,所以是活棋。

四、双活

双活也是活棋的一个类型,是双方均无两只眼又相互围住,而且均不能吃掉对方棋子。又叫"公活""共活""两活"。

这里举两例。

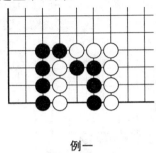

例一

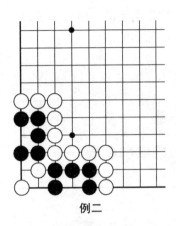

例二

五、盘角曲四

角上是一个假双活,叫作"盘角曲四"。初学者首先要清楚,白棋不可能在里面落子,所以黑棋随时可以动手,也就是说主动权在黑棋手里。黑棋可以按图二进行,黑❶送入一子,白②提,黑❸在▲位点,白④在○位抛入,黑❺在1位提,成劫争,但是黑棋可以在动手前把盘面上所有劫材补尽,这样白棋找不到劫材只有等死了,所以叫作"盘角曲四,劫尽棋亡"。在做死活题时,成了"盘角曲四"均算死棋。

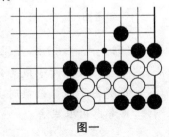

图一

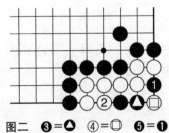

图二　❸=▲　④=○　❺=❶

在做本书死活题时,初学者先要熟练掌握以上死活基本型。

为了方便初学者,本书所有题目均为黑先。

第1题　黑先白死

白棋角上沿二线有五子,后手是无法做活的。

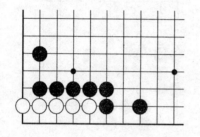

第1题

正解图　黑❶扳入是典型压缩法。白②挡,里面仅成"直三",黑❸点,白死。

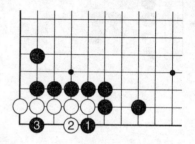

正解图

失败图

参考图

失败图　黑❶立下,白②挡住,角上成了"直四"活棋。

参考图　黑❶先点,白②立,黑❸长。这是填塞法,是"直四"被点两手成为死棋的典型,但不如正解图干脆。杀棋时要先考虑用压缩法,再考虑用填塞法。

第2题　黑先白死

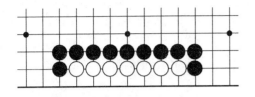

第2题

白棋沿二线有七子,后手是死棋。

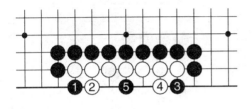

正解图

正解图　黑❶和黑❸先后从两边扳入,压缩白棋,白②、④挡后里面是"直三",黑❺点,白死。沿边要八子才能后手做活,即所谓"七死八活"。

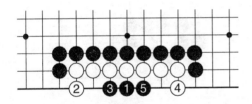

失败图

失败图　黑❶点,不好。白②立,黑❸长,白④再立,黑❺再长,里面成了双活。

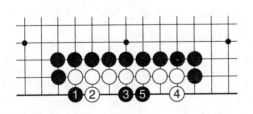

参考图

参考图　黑❶先扳,等白②挡后黑❸再点,白④立,黑❺长,白也不活。白④如改为5位打,黑即4位扳,白仍不活。

第3题　黑先白死

　　白棋围地虽不大,但内含黑棋两子,本题和第2题杀棋方法不同,请注意区别。

　　正解图　黑❶曲,多送一子,妙!白②虽提了黑三子,但是"曲三",黑❸点,白死。这是典型填塞法。

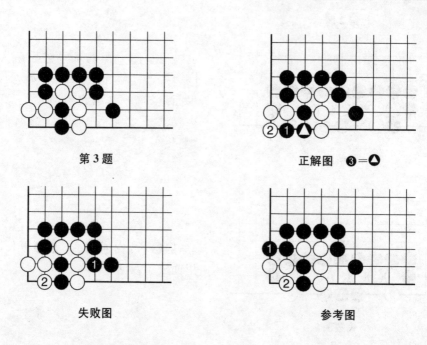

第3题

正解图　❸=⊿

失败图

参考图

　　失败图　黑❶从外面紧气,白②提黑两子,成两只眼,白活。

　　参考图　黑❶在另一方向紧气也是错误的,白②提黑两子,仍活。

第4题　黑先活

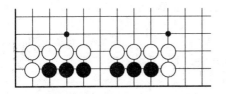

第4题

本题和前面第2题有关。懂了前面一题，做出本题是很容易的。

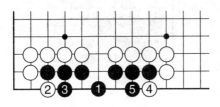

正解图

正解图　黑❶虎在一线，正确。白②、④从两边扳，黑❸、❺打后成两眼，活。

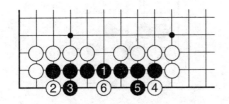

失败图

失败图　黑❶接，成了沿边七子，且是后手。被白②、④两边扳后，黑❸、❺挡成了"直三"，白⑥点，黑死。

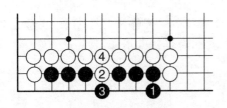

参考图

参考图　黑❶在边上立，被白于2位挖，黑❸打，白④接上后，黑棋已无法做活了。

第 5 题　黑先白死

破坏右边白棋的眼位是黑棋的任务。

正解图　黑❶托是唯一一手,白②打,黑❸挤入后,白棋即使提黑子也不是真眼,所以已经做不活了。

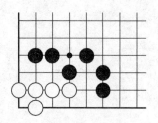

第 5 题

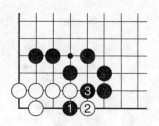

正解图

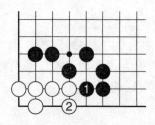

失败图

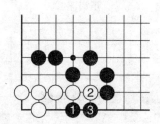

参考图

失败图　黑❶在外面挡,白②立下后已成活棋。

参考图　黑❶托时白②长,黑❸也跟随退出,白棋仍做不活。

第6题　黑先白死

本题与第5题有相同之处,区别是右边一子△黑棋远了一路。那黑棋还能杀死白棋吗?

正解图　答案是肯定的,黑❶仍然托,白②退,黑❸也跟随退,白④打,黑❺挤,白⑥虽提了黑两子,但黑❼扑入后白不活。

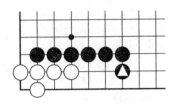

第6题

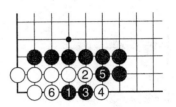

正解图　❼=❸

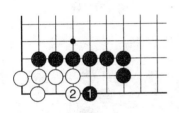

失败图

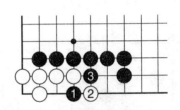

参考图

失败图　黑❶跳下,失误。白②立下后又成一只眼,活棋,黑失败。

参考图　黑❶托时,白②打,黑❸只一挤,白已不活。即使白提黑❶一子也是假眼。

第7题　黑先白死

白棋外围已很严密,所以不存在压缩问题。

正解图　黑❶接上是典型的填塞法。白②提黑三子仅成"直三"。黑❸点入后白棋不活。

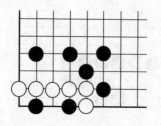

第7题

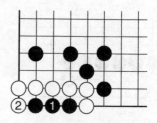

正解图　❸=❶

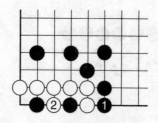

失败图

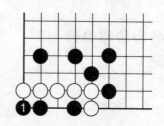

参考图　②脱先

失败图　黑❶在外面紧气,白②提黑一子,活棋。黑失败。

参考图　黑❶填塞方法不对,反而让白棋成活。白②可以脱先,等到外气被紧只剩一口气时再提黑三子,仍可成活棋。

第8题　黑先白死

本题要杀死白棋看似不难，但如方法错误，是无法杀死的。

正解图　黑❶点入，用填塞法正确。白②打时里面成为"直四"，黑❸长一手。白④提黑两子后，黑❺扑入，白不活。

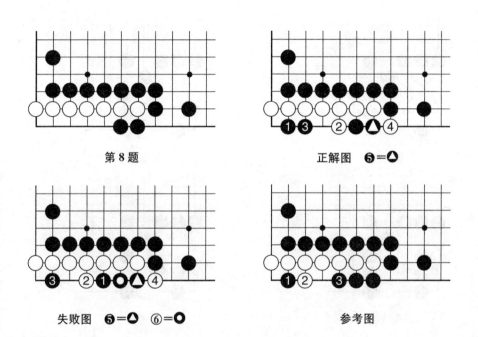

第8题

正解图　❺＝▲

失败图　❺＝▲　❻＝❍

参考图

失败图　黑❶用压缩法，错。白②打后，黑❸点。白④提得黑三子，黑❺扑后白⑥打又成一眼，活棋。记住：提对方三子可成一眼。

参考图　正解图中黑❶点时白②打，黑❸长入，白死。

第9题　黑先白死

本题一看就知应用填塞法。但要注意不能乱填一气，填得不好就可能把白棋填成活棋。

正解图　黑❶向上长，方向正确。如下在其他地方，白占有此点就活了。白②后黑❸曲，做成一只眼，形成"有眼杀无眼"，白死。

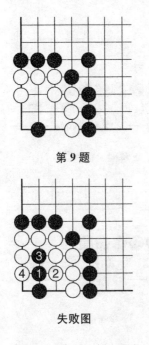

第9题

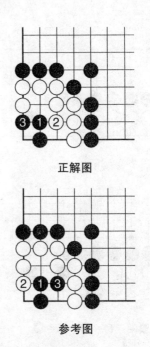

正解图

失败图

参考图

失败图　白②时黑❸长入或脱先，白④后成为双活。

参考图　黑❶时白②在里面长，黑❸即向外曲。以后白棋无法再下，而黑棋却可以将里面填成"刀把五"。所以，至黑❸之后白棋实际已死。

第10题 黑先活

角上黑棋活动余地不大,所幸外面仍有两口气,黑棋可以用特殊方法做活。

正解图 黑❶挤,白②在3位无法接上,只好在外面打,黑❸提白两子,活棋。这种方法叫作"胀牯牛",是在做活时常用的一种手段,初学者应牢记,并要学会使用。

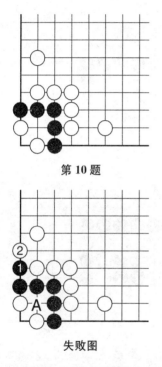

第10题

正解图

失败图 黑❶企图外逃,被白②挡住,只剩下一口气了,黑A位不能入子,只好等死。这就是"撞紧气,伏危机"的道理,所以初学者千万不要无缘无故自撞外气。

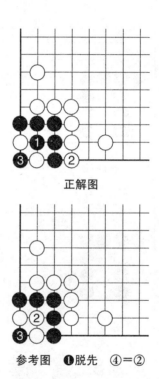

失败图

参考图 ❶脱先 ④=②

参考图 黑❶如脱先也不行,白②就团让黑❸提去三子成了"曲三",白④再于2位点入,黑死。

第11题 黑先白死

白棋围地不小,又内含两子黑棋,黑棋如何用填塞法杀死白棋是关键。

正解图 黑❶曲,白②打,黑❸做"方块四",白死。白②如在3位扑入,则黑在A位提,由于白棋只有一口外气,A位不能入子,白仍不活。

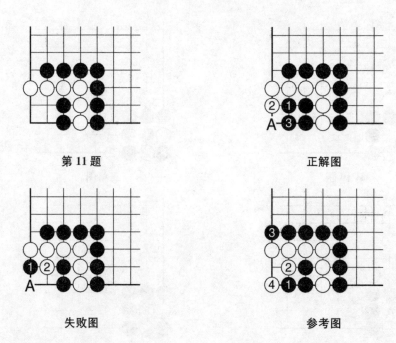

第11题

正解图

失败图

参考图

失败图 黑❶跳入角部,白②冲下,白棋即活。

参考图 黑❶在下面曲,方向不对,白②打,黑❸在外面紧气,打吃,白④提黑三子后活棋。

第12题 黑先活

黑棋角部不大,但仍有做活办法,关键是要"多做眼位"。

正解图 黑❶虎,是做活的好手,白②扳,黑❸做活。白②如改为3位点,则黑2位立,活得更大。这就叫作"三眼两做",是多做眼位的一种基本方法,初学者一定要掌握。

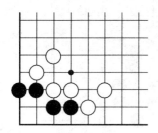

第12题

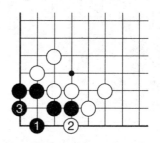

正解图

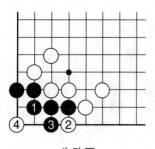

失败图

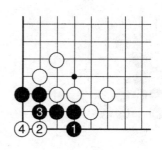

参考图

失败图 黑❶接,错。白②扳,黑❸打成"曲三",白④点,黑棋不活。

参考图 黑❶立,企图扩大眼位,白②点,黑❸接,白④长入成"曲四"被点两手,黑不活。

第13题 黑先活

只要弄懂了第12题的道理，就会做本题。

正解图 黑❶在一线虎，先保证了角上一个眼位，以后 A、B 两处必得一处，可成另一只眼，活棋。这也是"三眼两做"。

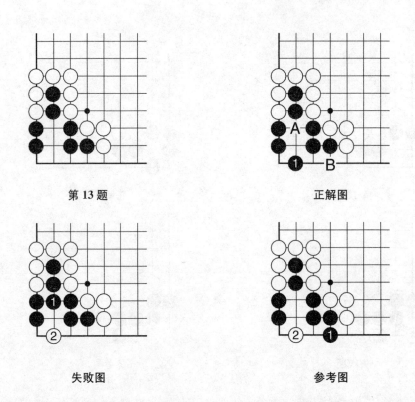

第13题

正解图

失败图

参考图

失败图 黑❶怕白吃两子黑棋而接上，显得小气。被白②点后再也无法做活。

参考图 黑❶想以扩大眼位来做活，也错了，被白②点入后也不能做活了。

第 14 题　黑先活

黑棋做活好像不难，但也不是那么容易。

正解图　黑❶在里面打，正确。白②接后黑❸提，白④扑入，黑❺提后成一眼，黑活。这是提三子可成一眼的基本手法，也是初学者应理解和掌握的。

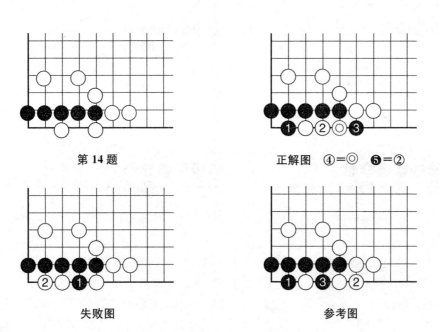

第 14 题

正解图　④=◎　❺=②

失败图

参考图

失败图　黑❶打，错。白②长入后黑棋已经无法再做活了。

参考图　黑❶打时白②在外面接上，黑❸即可提去一子白棋，仍活。

第15题　黑先活

黑棋在角上二线只有四子,能做活吗?做此题时方向是主要的。

正解图　黑❶向角上立下,正确。白②在后边曲下,黑❸立成"直四",活棋。

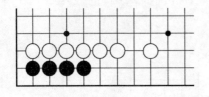

第15题

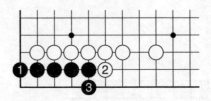

正解图

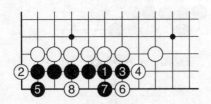

失败图

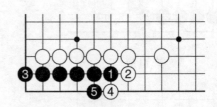

参考图

失败图　黑❶好像也是在扩大眼位,但方向不对。白②在角上扳,好!黑❸再长,白④挡,黑❺立,白⑥扳后黑❼挡时,黑棋仅成"直三",白⑧一点,黑不活。

参考图　当黑❶向右边长时白②也在右边挡,是以错对错。黑❸在左下角立下后白④扳,黑❺打成"直四",活。解这一题的关键是方向,在做活和杀棋时方向是一个要注意的问题,初学者要多做死活题才能逐渐掌握。

第16题　黑先白死

本题一看就知要用填塞法才能将白棋杀死。

正解图　黑❶自填,使里面形成"梅花五",白棋已成死棋,不必再去吃黑棋了。

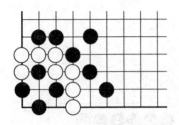

第16题

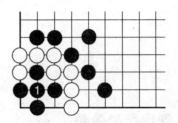

正解图

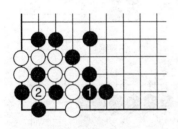

失败图

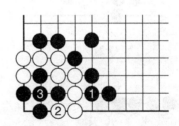

参考图

失败图　黑❶在外面紧气,白②提黑一子,成为劫活,黑棋不能净杀白棋。

参考图　黑❶在外面紧气时,白②没有在3位提黑一子,而是在下面挤打,黑❸接上,里面反而成了"梅花五",白不能活了。这也是以错对错的结果。

第17题　黑先白死

本题看上去好像不难，但初学者要搞清楚其中变化也非易事。

正解图　黑❶团，是典型的填塞法。以后黑棋如要吃白棋可在里面再加一子，形成"刀把五"。一般来说，这种情况白棋已是死棋了，下完棋后就应将它提去，这一点初学者应该知道。

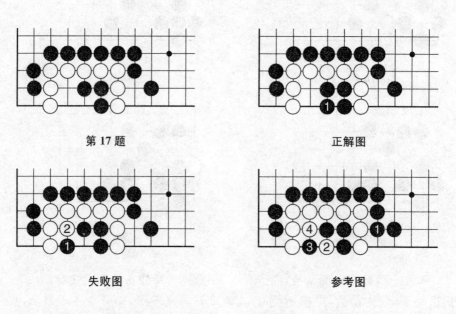

第17题

正解图

失败图

参考图

失败图　黑❶尖顶，以为可以填塞，不料白②挤打成了"胀牯牛"，白棋反而活了。

参考图　黑棋在外面紧气，白②扑入，黑❸提，白④打又成"胀牯牛"，白活。要注意白②不能在4位直接打，如打则黑在2位团，白反而不活。

第 18 题　黑先白死

猛一看白棋好像是"曲四"，但仔细一看黑棋△一子正好把白棋掐断了，所以这种形状叫"断头曲四"。

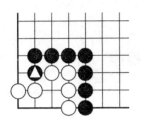

第 18 题

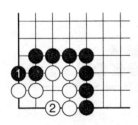

失败图

正解图　黑❶打，白②只好接上，黑❸长，白棋死。

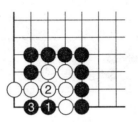

正解图

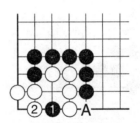

参考图

失败图　黑❶在外面紧气，错，白②在里面做活了。

参考图　要注意的是"断头曲四"必须外面气紧，参考图中白棋 A 位还有一口气，黑是杀不死白棋的。黑❶时白可在 2 位打，白活。

第 19 题　黑先劫

　　白棋有一子在打黑棋,而且黑棋内部并不大,黑棋要净活不容易,能劫活就不错了。

　　正解图　黑❶在一线打,正确,白②只有提,成劫。

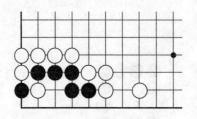

第 19 题

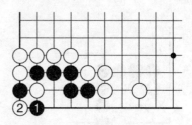

正解图

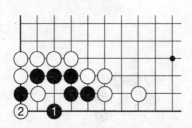

失败图

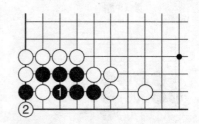

参考图

　　失败图　黑❶尖,白②立即提去黑一子,黑棋显然再也无法做活了。

　　参考图　黑❶打,但方向错了,白②提黑一子,黑棋死。

第20题　黑先白死

白棋在角上围地也不小，但黑棋仍可利用白棋内部一子黑棋，造成填塞，杀死白棋。

正解图　黑❶扳，白②打，黑❸接上，白棋不活。请注意这不是双活，因为白棋已无法落子做眼，而黑棋可在 A 位将白棋填塞成"丁四"，所以白棋是死棋。

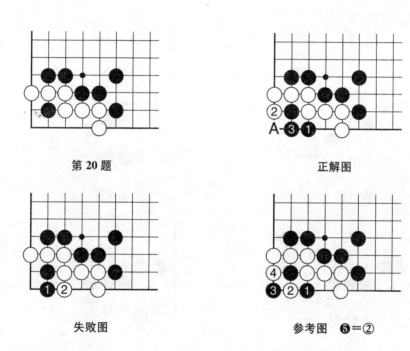

第20题

正解图

失败图

参考图　❺＝②

失败图　黑❶立下，错。白②挡下做眼，成活棋。

参考图　黑❶扳时，白②扑入，黑❸提，白④打，黑❺接上成"丁四"形。白死。

第21题　黑先白死

白棋角上实际上已有一个眼位,因为即使黑 A 位扳,白可 B 位挡,也是一眼。要杀死白棋就不能让白棋右边做出眼来,这就要靠下边一线的一子▲黑棋,这子棋叫作"硬腿",是杀棋的重要方法之一,初学者要学会应用。

正解图　黑❶跳入是靠着黑▲一子硬腿,白棋在 3 位不能入子,只有于 2 位打,黑❸接,白死。

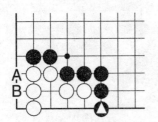

第21题

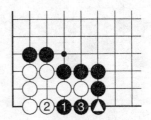

正解图

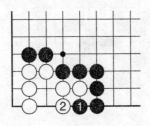

失败图

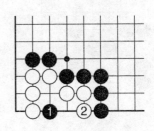

参考图

失败图　黑❶冲,是随手棋,没有动脑筋,白②挡已成一眼,活。

参考图　黑❶点,失误,白②挡下,活的空间更大了。

第22题　黑先活

黑棋角上只有沿二线的四子，能做活吗？只要合理利用外面两子⬣黑棋就能做活。

正解图　黑❶立下，白②挡，目的是阻止黑棋渡到黑⬣一子处。黑❸做活。

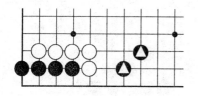

第22题

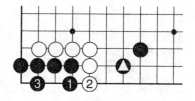

正解图

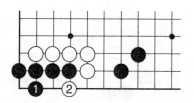

失败图

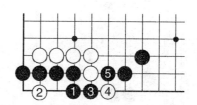

参考图

失败图　黑❶想先做成一只眼，但白②扳后，黑不能活。

参考图　黑❶立下时白②点，不让黑做活。黑❸曲，白④挡，黑❺挤断，黑棋逃出。

第23题 黑先白死

白棋角上是直三,右边好像有一只眼,黑棋怎样才能杀死白棋?

正解图 黑❶看准白棋右边不会成为真眼而直接点入白棋,白②团,黑❸挤,白棋不活。

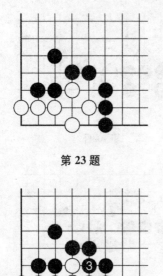

第23题

正解图

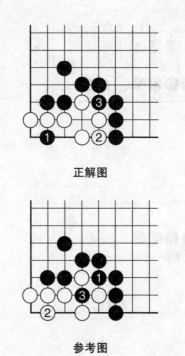

失败图

参考图

失败图 黑❶在右边先挤,失误。白②点做两眼,黑❸打已无用,白④接上后活棋。

参考图 黑❶改为上边挤,白②仍在里面点,黑❸只有提白一子,成劫。黑棋没有净杀白棋,不算成功。

第24题 黑先活

本题黑棋如要做活切不可贪心，因为角上有它的特殊性，尤其在外气已无的情况下。初学者要仔细玩味其中趣味。

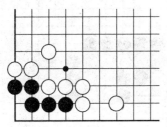

第24题

正解图 黑❶老老实实在角上做眼，是正着。白②扳，黑❸挡，活棋。

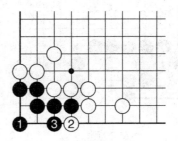

正解图

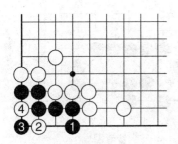

失败图

失败图 黑❶立下，以为是扩大眼位，成了"曲四"，但由于角上的特殊性，白②点入，黑❸只好抛入，白④提后成劫。

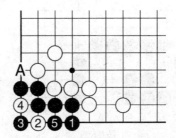

参考图

参考图 本图与正解图的不同之处是A位有一口气，黑❶立后白②托入，黑❸抛，白④提后黑❺可以挤打成"胀牯牛"，黑可活。但初学者一定要注意即使有外气，还是应在3位补一手最好。

第25题 黑先白死

白棋内部有三子黑棋,黑是选择压缩法还是选择填塞法是本题的关键。

正解图 黑❶只简单长入压缩白棋,以后白棋无论怎么下也无法做活了。

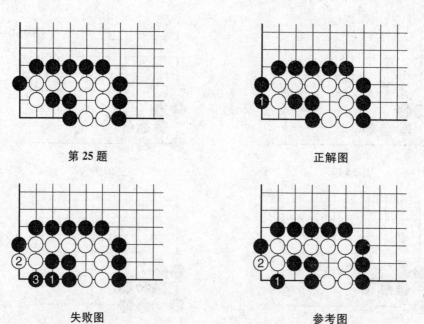

第25题

正解图

失败图

参考图

失败图 黑❶团,想用填塞法杀死白棋,但白②曲扩大眼位,黑❸曲成为双活,黑失败。

参考图 黑❶扳,也不行,白②仍是曲,依然是双活。

第26题 黑先白死

白棋围地似乎不小，但由于本身有缺陷，黑棋可利用白棋内部一子聚杀白棋。

正解图 黑❶扳，白②只有接上，防黑外逃。黑❸虎后白棋无法落棋，黑可在A、B位将白棋填塞为"丁四"或"刀五"，所以白死。

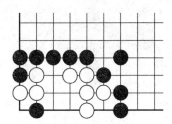

第26题

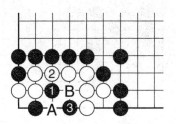

正解图

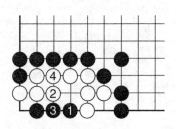

失败图

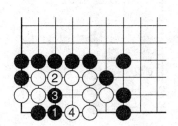

参考图

失败图 黑❶先靠，白②曲，黑❸只有接上，白④团为防成"断头曲四"，成为双活。黑不成功。

参考图 黑❶长，错。白②接上，黑❸曲，白④也曲，也成了双活。

第 27 题　黑先白死

白棋右边已经有一只眼了，黑棋的任务是破坏白棋左边的眼位。

正解图　黑❶托是唯一能杀死白棋的一手棋。白②打后黑❸挤入，白死。

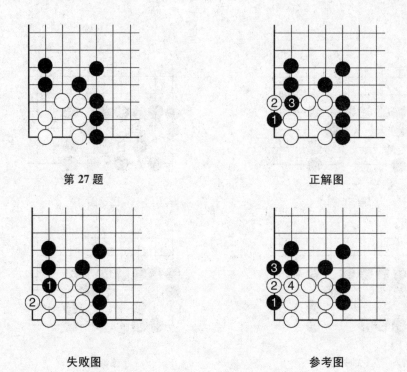

第 27 题

正解图

失败图

参考图

失败图　黑❶顶，白②立下，活棋。

参考图　黑❶托虽下对了，但黑❸打错了方向，白④接上后已活。

第28题　黑先白死

猛一看上去好像白棋已经有了两只眼。其实不然,白棋仍有缺陷,黑棋是有机可乘的。

正解图　黑❶在中间挤,也可算是"两边同形走中间"。以下白②在上面做眼,黑❸就在下面打,白棋不活。

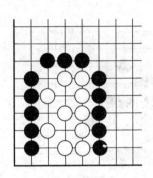

第28题

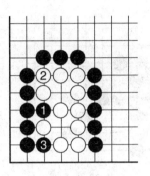

正解图

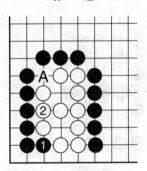

失败图

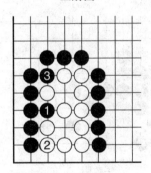

参考图

失败图　黑❶在下面挤,被白②在中间接上,即活。黑如在 A 位挤,白则同样在 2 位接上,仍可活。

参考图　黑❶在中间挤时,白②到下面做眼,黑❸就在上面打,白仍不活。

第 29 题　黑先白死

虽然黑棋有两子在白棋内部，随时有被吃的可能，但只要黑棋的次序运用正确，就能杀死白棋。

正解图　黑❶先长下面一子，白②只好挡住以防黑子逃出，黑❸再接回上面一子，白棋不活。

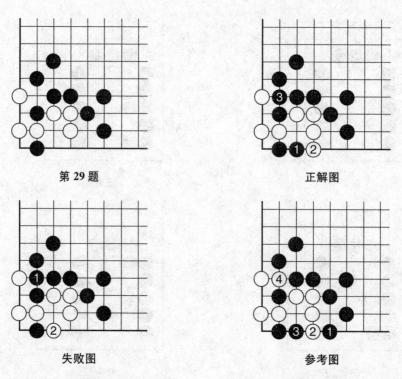

第 29 题

正解图

失败图

参考图

失败图　黑❶怕白吃上面一子，接上，但次序失误。白②打，同时形成两眼，活。

参考图　黑❶尖企图压缩白棋，白②挡成"曲四"，黑❸长，白④吃去上面一子黑棋，也活了。

　　"直三""曲四""刀五"等是围棋死活的基本技巧，一定要熟记心中。

第30题 黑先白死

白棋好像有许多眼位,但是仍有缺陷,黑棋只要仔细观察,就能杀死白棋。

正解图 黑❶挤入,妙手,白棋3位及A位均不能入子,只好2位接,但黑❸接回两子后白棋不活。

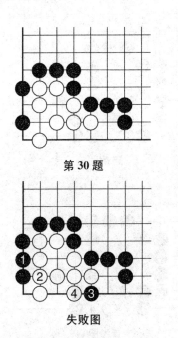

第30题

正解图

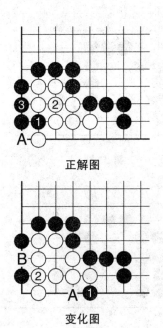

失败图

变化图

失败图 黑❶接回一子,失误。白②接上,黑❸托企图破坏下面的眼位,但被白④打后,白棋已经做活。

变化图 黑❶先托,白②接上后,中间已成一只眼,以后A、B两处必得一处,可又成一只眼,活棋。黑棋失败。白②从B位挤入更好!

第31题 黑先白死

白棋上面已有一只"铁眼"。破坏白棋下面的眼位是黑棋的任务,但有相当难度。由于这是破坏眼位的基本方法之一,所以初学者必须认真理解和掌握。

正解图 黑❶尖,好手,白②顶,黑❸在右边立是绝妙一手。白④打,黑❺扑入,白棋不能在7位接,只好⑥位提黑一子,黑❼挤入打,白下面不成眼,死。

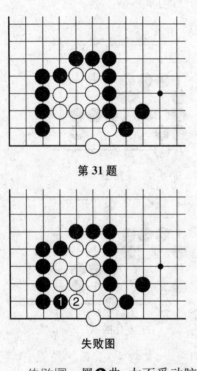

第31题

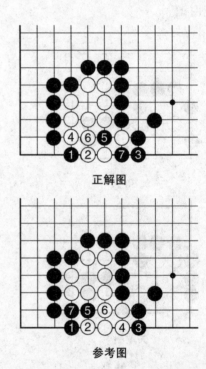

正解图

失败图 黑❶曲,太不爱动脑筋了,白②只要一挡,就轻易做成了一只眼,活棋。

参考图 正解图中黑❸立时白④挡住,黑❺就挖入打白四子,白⑥接黑❼也接,白棋仍无法做出眼来。

第 32 题　黑先白死

白棋角上已有一个眼位,但由于下面空虚,又有黑△一子立下,所以黑棋仍可以将白棋置于死地。

正解图　黑❶大飞是利用△一子的好手,这也是一种压缩。白②靠下抵抗,黑❸打,白④挤打,黑❺当然提。白⑥再打,黑❼接上,白不活。

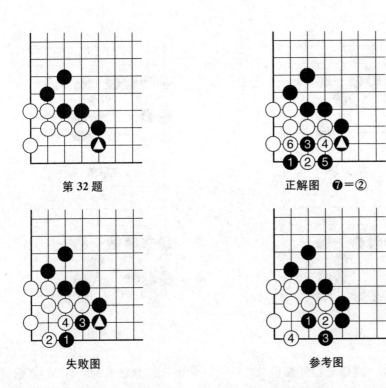

第 32 题

正解图　❼=②

失败图

参考图

失败图　黑❶小飞,是没有充分利用黑△一子,白②尖顶,这时白棋已活。以下黑❸、白④的交换已经完全没有必要了。

参考图　黑❶跳入,错。白②冲,黑❸渡过,白④尖,角上已有一只眼,活棋。

第33题　黑先白死

白棋围地很大,本来要活并不难,但由于黑棋在白棋内部有▲一子可利用,且白棋外部无气是致命的缺陷。黑棋如何利用这一优势是关键。

正解图　黑❶先在里面长出,白②打,黑❸从外面打白一子,由于白棋外气紧,不能5位接,只好4位提黑两子。黑❺得以提去白一子,白棋死。

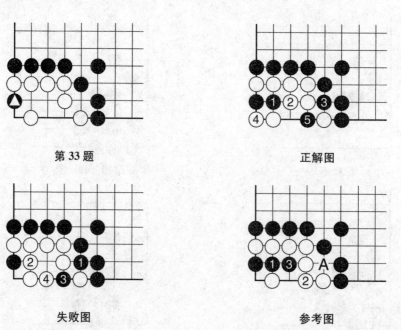

第33题

正解图

失败图

参考图

失败图　黑❶先在外面挤,次序错了。白②接上,黑❸提白一子,无用,白④打后得以活棋。

参考图　黑❶长时白②团,黑❸再长一手成"直三",白棋不活。白②如改在A位,黑即于3位打,白仍无法做活。

第34题　黑先白死

白棋 A 位有一口气,但是黑棋有▲两子给白棋造成了断头,这样黑棋就有机可乘。

正解图　黑❶扑入,是在双打白棋,白②只有提,黑❸在①位反提,白死。这种下法被称为"双倒扑",俗称"喜相逢"。

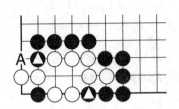

第 34 题

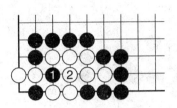

正解图　❸＝❶

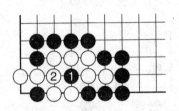

失败图

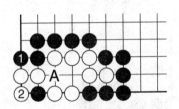

参考图

失败图　黑❶扑错了地方,白②提去黑❶一子,活。

参考图　黑❶在外面紧气,不行,白②只要提去黑一子即可活。白②在 A 位接也可活。

第35题 黑先白死

白棋内部含有两子黑棋,似乎一提子即可活棋,但外气成了白棋的致命伤。

正解图 黑❶从外面着手,也应是压缩法的一种,白②提,黑❸反提白五子,白死。

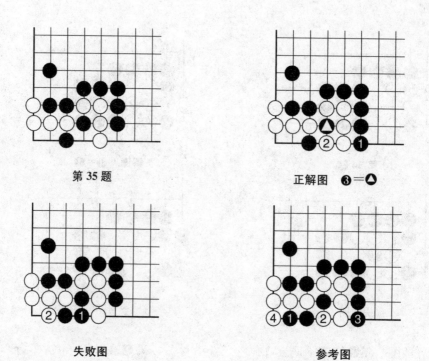

第35题

正解图 ❸=⚫

失败图

参考图

失败图 黑❶接上,企图用填塞法杀死白棋。白②提黑三子,活。

参考图 黑❶在里面长,白②提黑一子,黑❸打,白④再提黑两子,活。黑棋失败。

第36题　黑先白死

黑棋虽含有两子白棋,但似乎只能做成一只眼,怎样才能做成两只眼呢?

正解图　黑❶扳打白一子,好手。白②提黑▲一子,但黑❸可于▲位反提三子白棋,同时吃去角上一子白棋,黑棋已经做活。

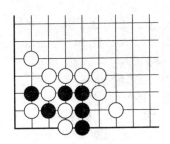

第36题

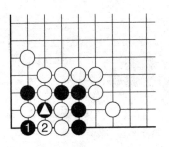

正解图　❸＝▲

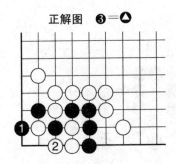

失败图

参考图

失败图　黑❶提白两子,太简单了。白②在外面打黑一子,黑棋仅一只眼,已死。

参考图　黑❶在左边打,方向有误。白②提黑一子后,黑已无法做活了。

第37题 黑先白死

白棋角上已有一只"铁眼",如何破坏右边白棋眼位是本题的关键,好在白棋无外气,且黑棋有一子在白棋内部可以利用。

正解图 黑❶长入多送一子,妙手。白②只好提黑两子。黑❸在1位扑入,由于外气紧,白不能在5位团,也只好在4位提黑❸。黑❺再于外面挤,白1位成假眼,不活。

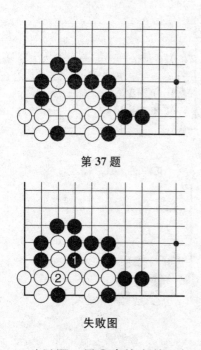

第37题

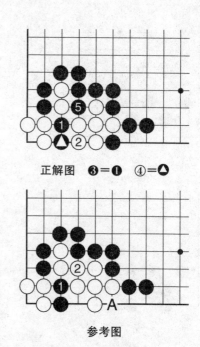

正解图 ❸=❶ ④=▲

失败图 黑❶直接在外面打,随手,白②接上,白活。初学者切忌"随手"行棋,在下棋后要计算双方对应的至少三手棋才行。

参考图 本图与本题的区别是白棋A位还有一口气,黑棋是无法杀死白棋的。因为黑❶长后白可以在2位接上,活。

第38题 黑先白死

黑棋有⚫一子"硬腿",如何利用这一子是关键。

正解图 黑❶扳打,白②只有提黑两子。黑再在⚫位扑入,白④也只能在⚫位提黑子,这时黑才在5位接上,这样白不能成眼,死。

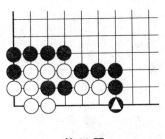

第38题

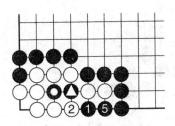

正解图 ❸=⚫ ④=⚫

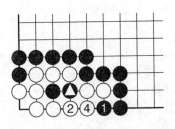

失败图 ❸=⚫

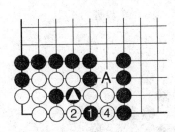

参考图 ❸=⚫

失败图 黑❶冲,白②提黑两子,这时黑❸再于⚫位扑为时已晚,白④不提子而接上,自然活了。

参考图 白棋如果A位有一口气,则不会被杀死。黑❸扑时白④可于右边提黑❶一子而活。

第 39 题 黑先白死

白棋看上去眼位似乎很多,但仍有缺陷,黑棋只要次序正确,就能杀死白棋。

正解图 黑❶先在上面扑入,等白②提后再 3 位接上打白◎一子,由于气紧,白 A、B 均不能入子。以后黑可 A 位提白◎一子(现在不必提),所以白死。

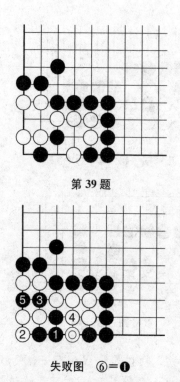

第 39 题

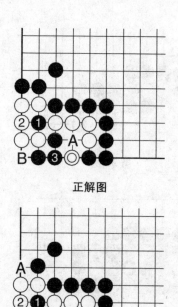

正解图

失败图 ⑥=❶

参考图

失败图 黑❶先接,次序失误,白②反打,黑如提白◎一子,白可反提黑四子。所以黑在 3 位扑,白④提黑三子,黑❺虽吃得白两子,但白⑥在 1 位做活。

参考图 本图白棋 A 位有一口气,黑无法杀死白棋。黑❶扑,白②提后黑❸接上,白由于 A 位有一口气可在 4 位打吃黑棋三子,活棋。

第40题　黑先活

白棋有◎一子直指黑棋断头处，又能在 A 位吃黑两子，黑棋似乎难做活。但请注意"三眼两做"。

正解图　黑❶在上面接打白棋一子，白②提黑两子，黑❸在角上做出一只眼，活。

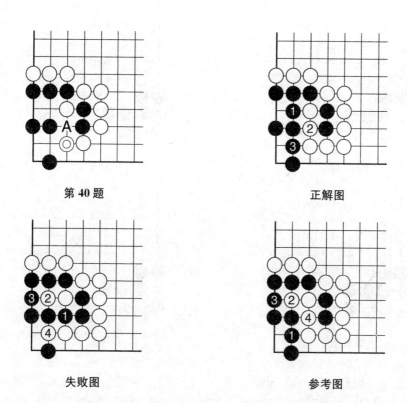

第 40 题

正解图

失败图

参考图

失败图　黑棋舍不得两子，黑❶接上。但白②长打黑三子，黑❸只好提白两子。白④冲入，黑不活。

参考图　黑❶先做角上一只眼，白②在上面先打黑三子，再 4 位提黑两子，黑不能活。

第 41 题　黑先活

由于黑棋外面还有 A 位一口气,所以黑棋可利用角上的特殊性得以净活。

正解图　黑❶抛入,白②提子,黑❸在外面打成为"胀牯牛",黑活。

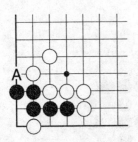

第 41 题

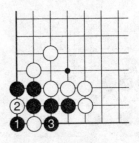

正解图

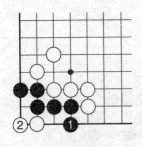

失败图

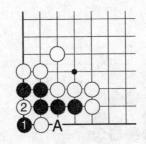

参考图

失败图　黑❶在右边立,企图扩大眼位,但白②长入是"曲四"点两手,黑死。

参考图　当黑棋无外气时,黑棋不能净活。当白②提时,由于黑无外气,A 位不能入子,所以只能成劫。

第42题 黑先白死

由于白棋无外气,黑可杀死白棋。如何利用白棋里面的两子黑棋是关键。

正解图 黑❶扳,让白②提去两子,黑❸再反提白②一子,是所谓的"打二还一"。这样白成"盘角曲四",不活。

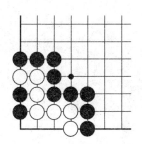

第42题

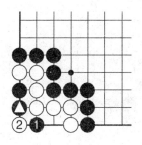

正解图 ❸=▲

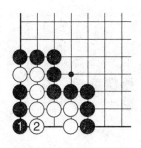

失败图

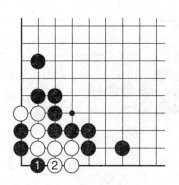

参考图

失败图 黑❶立,白②提黑三子,当然活了。

参考图 本图与正解图的区别是外面白棋有两口气。这样当黑❶扳时,白②可打成"胀牯牛",白可活棋。

第43题 黑先活

黑棋右边已有一个眼位,关键是要做出左边这只眼来。

正解图 黑❶接上,让白②提两子黑棋,黑❸再于⚫位扑入,以后白两子被吃,黑可成一只眼,活。

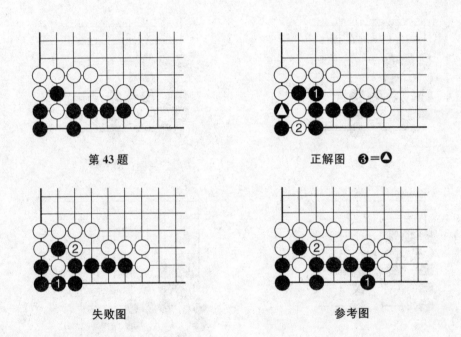

第43题

正解图 ❸=⚫

失败图

参考图

失败图 黑❶提一子白棋,随手。白②打,黑已无法做活。

参考图 黑❶到右边做眼,是完全不必要的废棋。白②提黑一子,黑已不活。

第44题　黑先活

黑棋内有四子白棋,好像很容易做活。但黑棋切不可掉以轻心。

正解图　黑❶送入一子,妙!白②提,黑❸接上打。白④在外面紧气,黑❺提白五子成活。

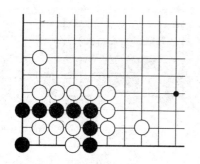

第44题

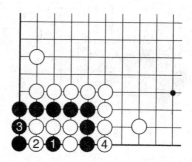

正解图　❺＝❶

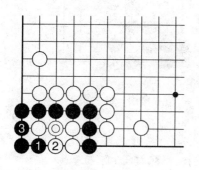

失败图　④＝◎

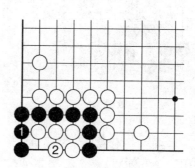

参考图

失败图　黑❶挤入,白②团,黑❸虽提得白五子,但是"刀五",白④点在◎位,黑死。

参考图　黑❶接上自己一子,但白②仍团,又成"刀五",黑不活。

第45题 黑先活

白棋有◎一子"硬腿",但黑棋只要对应正确,仍然可在右边做出另一只眼。

正解图　黑❶虎,是正着,只要能活,小一点也没关系。白②打,黑❸接上,黑活。

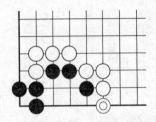

第45题

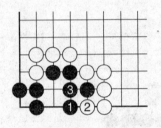

正解图

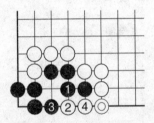

失败图

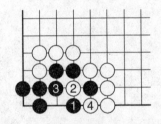

参考图　❺=②

失败图　黑❶接上,失误,白②利用◎一子硬腿,夹入。黑棋4位不能入子,只好在3位打,白④接上后,黑成假眼,不活。

参考图　黑❶虎时,白②扑入,黑❸提,白④打,黑❺接上,仍可活。

第46题　黑先活

本题应按"三眼两做"的方法来做,而不要当成是"曲三"先手。要注意白◎一子"硬腿"。

正解图　黑❶立下是好手,这样就形成了"三眼两做"。白②接回一子,黑❸做活。白②如在3位点,黑则于2位吃去白一子,活得更大。

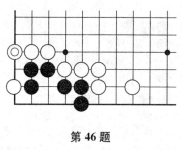

第46题

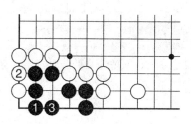

正解图

失败图　黑❶贪心打吃白一子,但白②扳打黑四子,成劫。黑❸如改在A位接,则白即于B位长入,仍是劫争。

参考图　黑❶点,错当成"曲三",白②立即抛入,由于白◎一子"硬腿",黑A位不能入子,只好在3位提劫,不能净活,明显失败。

失败图

参考图

第47题 黑先活

白棋似乎有很多眼位，但它的缺陷是外气太紧，而且内部有一子●黑棋伏兵。

正解图 黑❶扑入，是"双打"，白②只有提，黑❸长打，白④接后，黑❺再打，白不活。

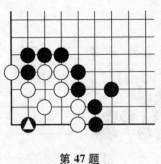

第47题

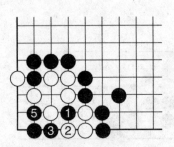

正解图 ④=❶

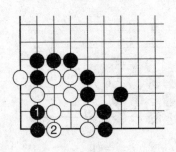

失败图

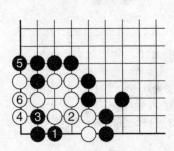

参考图

失败图 黑❶上长，错。白只需在2位挡下，就轻易做活了。

参考图 黑❶长入，随手。白②接上后黑❸想卡眼位，白④扳。黑❺打，白⑥接上后，角上成为双活。黑棋失败。

第48题　黑先活

黑棋内部虽然含有两子白棋，好像很容易活棋，但白有◎一子"硬腿"可妨碍黑棋净活。

正解图　黑❶在角上立下，是出乎意料的好手，一般很难想到这一手。白②在右边扳，黑❸提白一子，活棋。

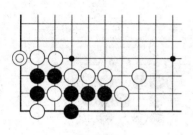

第48题

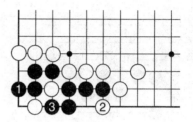

正解图

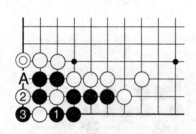

失败图　❺＝②

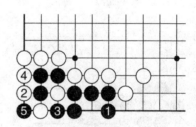

参考图

失败图　黑❶提白一子是没有仔细思考，没有重视白◎一子的作用。白②扳，黑棋由于白◎一子"硬腿"A位不能入子，只好3位提白一子，成劫。

参考图　黑❶立为保证右边一个眼位，白②扳，黑❸提白一子，白④接回白②，黑❺虽提得一子白棋，但是劫争，不能净活。

第49题 黑先活

黑棋围地很大,但要做活也不能随手,否则不能做活。

正解图 黑❶老老实实在一线平一手是正着。以下白②打,黑❸接,白④冲,黑❺挡后已成两眼,黑棋已活。

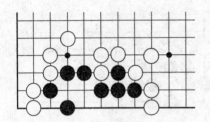

第49题

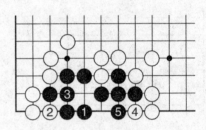

正解图

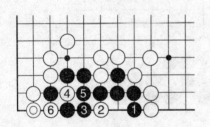

失败图

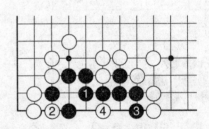

参考图

失败图 黑❶立下企图活得大一些,但白②托,黑❸顶,白④扑后,黑❺只有提,白因有◎一子"硬腿",可6位挤入,黑不活。

参考图 黑❶做眼,白②打,黑❸立下后,白④点,黑不活。

第50题　白先黑死

黑棋如要杀死白棋,当然要靠黑△一子,以及右边的"硬腿"。

正解图　黑❶在上面挤是好手。白②团,黑❸打,白棋眼见无法做活了。

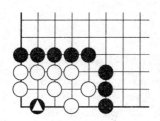

第50题

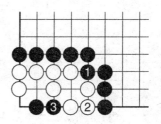

正解图

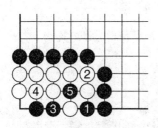

失败图

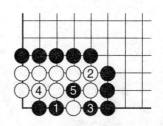

参考图

失败图　黑❶从下面挤入是没有精心计算。白②在上面团,黑❸挤打,白④打,黑❺只好提劫。

参考图　黑❶先在里面挤,白②团,黑❸打,白④也打,这样黑❺仍是劫。

第51题 黑先白死

如何利用好白棋内部一子△黑棋是本题关键,其实黑棋只要认清棋形就可杀死白棋。

正解图 白棋的形状是"刀把五",只要黑❶点一手白棋就不活了。白②打,黑❸接上,白④提后,黑❺点,白死。

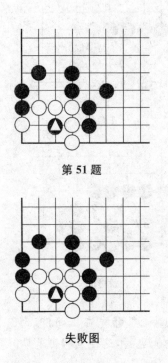

第51题

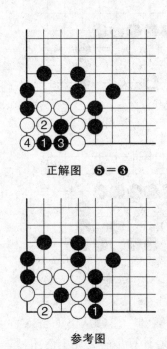

正解图 ❺=❸

失败图

参考图

失败图 黑❶打,是对黑△一子未能理解,错误使用了。反而被白②扳打,黑❸只好提白一子,成劫。

参考图 黑❶在外面紧气也是错着,白②只一尖即可活。

第52题 黑先活

黑棋千万不能贪心,仍要"三眼两做",不然会因没有外气而死。

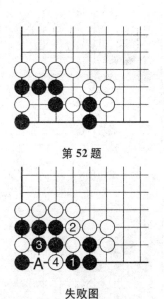

第52题

正解图 黑❶立下是"三眼两做"的要点。白②接,黑❸提白一子,活。白②如改为3位,则黑2位断吃下白一子,可活得更大。

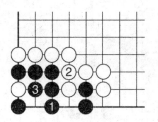

正解图

失败图 黑❶在一线打,白②接上,黑❸提后,白④扑入,黑不活。黑❸如改为4位接上,则白在A位提黑一子,由于外气紧,黑3位不能入子,黑仍不活。

参考图 黑❶在上面吃白一子,白②扳打,黑❸提白一子,白④也提角上一子黑棋。由于外气紧,黑A位不能入子,以后白B位可吃黑棋,黑不活。黑❸如改为A位提白一子,则白④改为B位打,倒扑黑两子,黑仍不活。

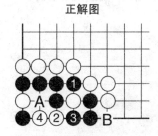

参考图

第53题 黑先白死

本题与外气无关,但黑棋应该仔细考虑黑▲一子"硬腿"的运用。

正解图 黑❶跳入,好手,白②只有立下阻止黑❶连回,黑❸上长打白两子,白棋已无法再做出眼来了。

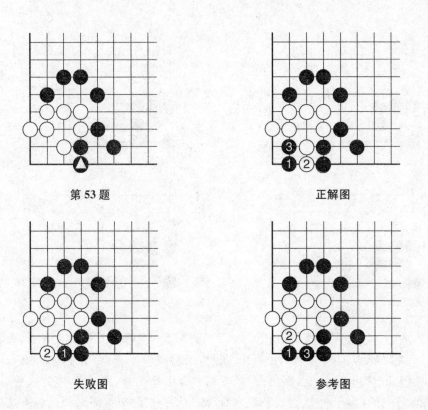

第53题

正解图

失败图

参考图

失败图 黑❶冲,太随手,白②只轻易一挡,黑棋已无计可施,只能眼看白活。

参考图 黑❶点时白②团,黑❸就将黑❶接回,白棋也不能活。

第54题　黑先白死

白棋内含一子黑棋,下面又可吃两子黑棋,黑棋应从何处下手要仔细考虑。

正解图　黑❶尖,先在里面动手,正确。白②提黑两子,但黑❸在▲位扑入,仍不成眼,白④打,黑❺接上,白即使提黑三子也是"曲三",不活。

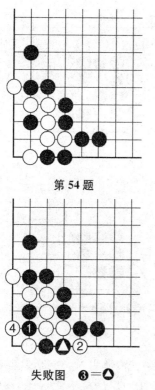

第54题

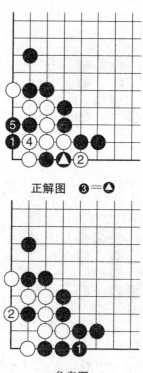

正解图　❸=▲

失败图　❸=▲

正解图　❸=▲

失败图　黑❶挤打,错。白②提黑两子,黑❸只有扑,白④扳打,活了。黑失败。

参考图

参考图　黑❶接,是不懂,白即使提此两子黑棋也不会成眼,白②打后白活,黑棋无疑是失败了。

第 55 题　黑先活

黑棋上面已有一只"铁眼",在下面要做出另一只眼来也不是易事。

正解图　黑❶在一线尖,是这种形状做眼的基本方法之一,初学者一定要掌握。白②打,黑❸接,黑棋成眼,活。

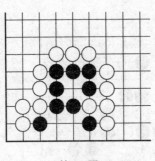

第 55 题

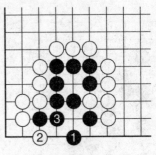

正解图

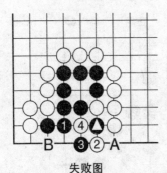

失败图

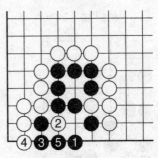

参考图

失败图　黑❶接,白②打,黑❸只好反打,白④提,成劫。以后黑在▲位提时,白可 A 位接,黑只有 B 位接,白仍可 4 位提,还是劫争。

参考图　黑❶尖时,白②在里面打,黑❸立下,因为 5 位白不能入子,白④只有在外面打。黑❺正好连接上黑❶一子,成一眼。

第 56 题 黑先活

黑棋角上已有一只"铁眼",如何做出右边一只眼是本题的关键。要注意白棋◎一子"硬腿"。

正解图 黑❶跳下,好手,这样白棋◎一子不能发挥任何作用了。白②冲,黑❸挡后已活。

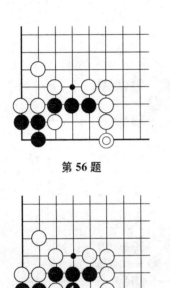

第 56 题

正解图

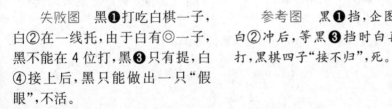

失败图

参考图

失败图 黑❶打吃白棋一子,白②在一线托,由于白有◎一子,黑不能在 4 位打,黑❸只有提,白④接上后,黑只能做出一只"假眼",不活。

参考图 黑❶挡,企图扩大眼位,但白②冲后,等黑❸挡时白再在外面 4 位打,黑棋四子"接不归",死。

第 57 题　黑先活

黑棋围地不小,但由于有白◎一子正对黑空内,黑棋做活时要谨防白这一子的活动力。

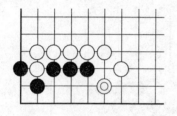

第 57 题

正解图　黑❶尖,先保住了角上一只眼。以下白②尖,黑❸顶,白④团,黑❺接后做活。

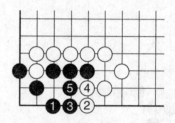

正解图

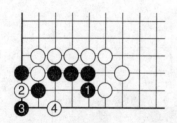

失败图

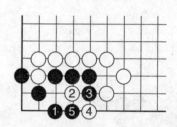

参考图

失败图　黑❶挡,以为可以扩大眼位,但白②扑后黑成为"刀五",白④点,黑不活。

参考图　黑❶尖时白②跳入,黑❸冲下,白④想渡过,黑❺冲入,吃去白②一子,黑仍可活。

第58题　黑先白死

白棋一共可吃去黑棋三子,好像不容易杀死。但白棋的缺陷是外气全无,黑棋大可利用。

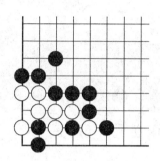

第58题

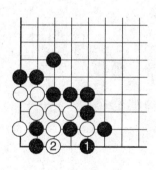

失败图

正解图　黑❶立下,正着。由于白棋无外气,A位不能入子,所以白棋已不能做活了。

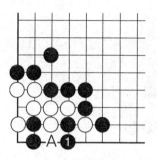

正解图

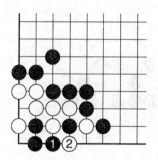

参考图

失败图　黑❶提外面一子白棋,随手。白②跟着打黑两子,已活。

参考图　黑❶曲,一边外逃,一边打吃白棋。但白②可以吃黑一子,自然活了。

第59题 黑先活

黑棋好像到处有子可吃，但吃子未必就能活棋。如何对付白棋◎一子"硬腿"是本题活棋的关键。

正解图 黑❶在下面一线挡成为"三眼两做"，白②提黑两子，黑❸做活。白②如3位立下，则黑于A位提白两子，也活。

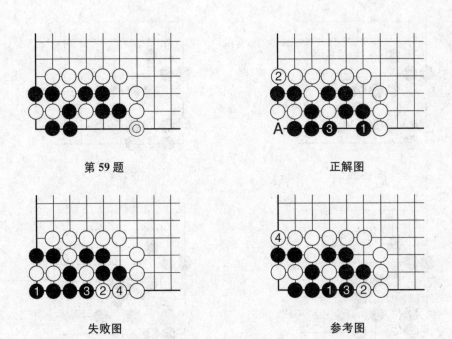

第59题

正解图

失败图

参考图

失败图 黑❶提角上两子白棋，白②因右边有"硬腿"可以夹入，黑棋4位不能入子，只好3位提白一子，白④接回一子，黑成假眼，不活。

参考图 黑❶提下面一子白棋，白②先冲，等黑❸接后，白④再提黑两子，黑不活。

第60题　黑先白死

怎样利用白棋里面的两子黑棋填塞死白棋,不可掉以轻心。

正解图　黑❶先曲,白②只有挡,以防黑棋外逃。黑❸再向内曲一手,这样白棋已无法做活了。黑棋如要吃白棋,可在 A 位将白棋填成"刀五"。

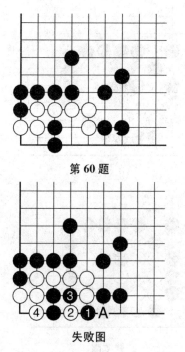

第60题

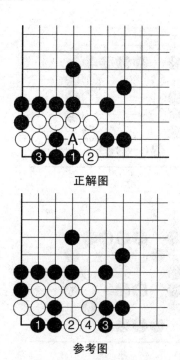

正解图

失败图

参考图

失败图　黑❶渡过,白②扑,黑❸提,白④打,黑三子接不归。若白②提时黑在 A 位接,白仍在 4 位打,可扑吃两子黑棋,仍活。

参考图　黑❶先向里曲,白②尖顶,黑❸立下,白④团住,成为双活。如黑❶在 4 位扳,则白 2 位扑入,黑仍在 1 位曲,白可在 3 位提黑一子,仍是双活。

第61题　黑先白死

一般中间和边上"板六"应是活棋。但此题一是无外气,二是有▲两处断点,这叫"断头板六",黑棋可杀死白棋。

正解图　黑❶点是当然的一手,白②顶,黑❸长方向正确,白棋由于气紧,A位不能入子,而黑棋可于A位打吃白棋,白不能活。

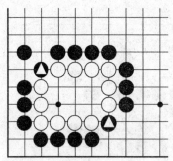

第61题

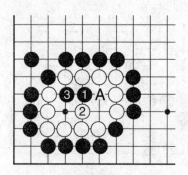

正解图

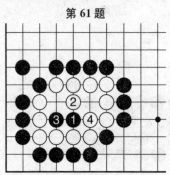

失败图

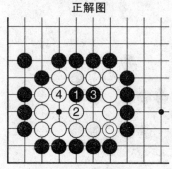

参考图

失败图　黑❶点,白②顶,黑❸长方向有误,被白④接上,白活。

参考图　本题是白棋有◎一子,没有了断头,即使无外气也不死。黑❶点,白②顶,黑❸长,白④打,可活。如他处有大棋白④可脱先,让黑走到白④处也只是双活而已。

第62题　黑先白死

黑棋在白棋里面有一子△,又因白棋无外气,故可杀死白棋。

正解图　黑❶长,多送一子,白②当然挡住,黑❸打,白④提黑两子,黑❺再于1位扑入,成为我们前面介绍过的"喜相逢"。白死。

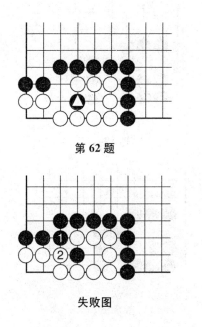

第62题

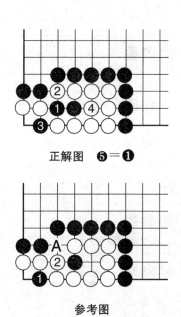

正解图　❺＝❶

失败图

参考图

失败图　黑❶挤,企图引回一子黑棋,白②接上后黑已无法杀死白棋了。

参考图　黑❶先扑,白②接,好,活。白②如下在A位则黑在2位挤,成为正解图,白不活。

第63题 黑先白死

本题是要运用黑棋在白棋内部两子将白棋杀死。

正解图 黑❶曲,同时打白三子,白②只有接,黑❸曲,白④打,黑❺做成"刀五"时白棋已死。

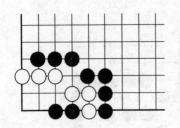

第63题

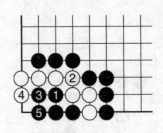

正解图

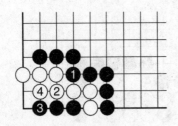

失败图

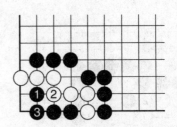

参考图

失败图 黑❶在外面打,错误。白②接上,黑❸冲白④追打,黑棋无手段。白活。

参考图 黑❶尖,白②只需围打,黑❸接一手为废棋,白棋已活。

第64题 黑先白死

本题为杀棋的基本手法之一，如何利用黑▲一子是很重要的。

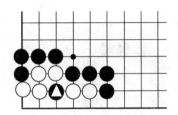

第64题

正解图 黑❶立下，白棋由于无外气所以两边都不能打吃黑棋，白死。这叫"金鸡独立"，初学者要记住。

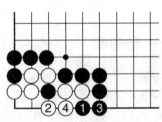

失败图

失败图 黑❶扳打，白②提黑一子，黑❸接，白④也接上，白有两眼活棋。

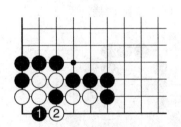

参考图

参考图 黑❶在里面扳也不行，白②提黑一子就已经活了。

第65题　黑先白死

白棋上面已有一只"铁眼"，黑棋的主要任务是破坏白棋下面的眼位。

正解图　黑❶是标准的"两边同形走中间"，利用了白棋两边气紧，好手。白②接，黑❸倒扑两子白棋，白不活。白②如在3位接，则黑即于2位扑，白也不活。

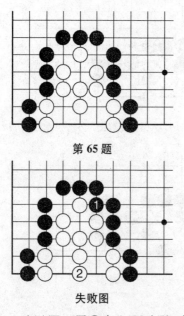

第65题

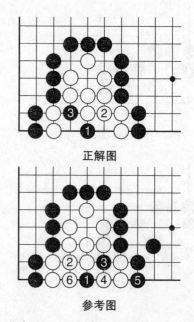

正解图

失败图　黑❶在上面破眼，白棋不在上面应，而在下面2位做成两眼，活。

参考图　当白外面还有一口气时，黑棋是无法杀死白棋的。黑❶点时白②在外面无气的一边接上，正确。黑❸扑，白④提后黑只能在5位打，白⑥再提去黑❶一子，白活。

破坏对方眼位和保护自己眼位是杀棋和做活的基本技巧，只有熟练掌握才能取得成功。

第三阶段 热身阶段

第66题 黑先活

黑棋围地不大,而且两边均有白棋◎在对准黑棋。但黑棋仍有办法做活。

正解图 黑❶曲,走了一个"空三角"的愚形,好手。白②冲,黑❸挡,白④在下面冲,黑❺团又成一眼,活棋。

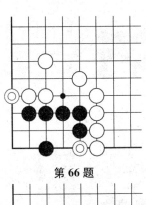

第66题

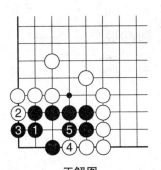

正解图

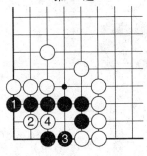

失败图

失败图 黑❶立是想扩大眼位,但白②点,黑❸顶成了"曲四"。白④长入后,黑棋死。

参考图

参考图 黑❶尖,白②在里面点,妙手! 黑❸打,白④打,黑❺提后,白⑥曲入,黑棋不活。黑❺如在6位团,则白A位提,成劫。

第67题 黑先活

这是实战中常见之形,黑棋对白◎一子如何处理是本题关键。

正解图 黑❶夹,白②立下,黑❸顶住,并做成一眼,白④打,黑❺接,黑已活。

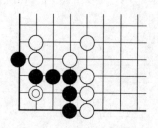

第67题

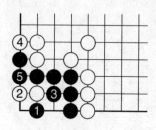

正解图

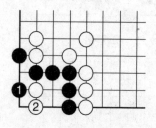

失败图

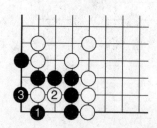

参考图

失败图 黑❶扳,其实是主动成为"刀五"形,白②立下,黑死。

参考图 黑❶夹时白②向里长,但黑❸也改为在左边打,仍然活了。

第 68 题　黑先活

这是实战中常见之形,黑棋围地不大,但只要方法正确,黑还是能做活的。

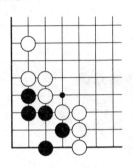

第 68 题

正解图　黑❶尖,白②在上面扳破眼,黑❸就做成两眼,活棋。

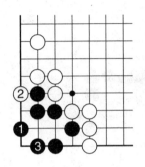

正解图

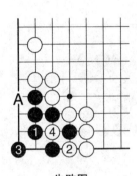

失败图

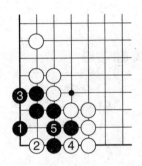

参考图

失败图　黑❶做眼心急,但白②打后黑❸只能于 3 位做眼,白④提,成劫。黑❸如在 4 位接,则白 A 位扳入,黑不活。

参考图　黑❶尖时,白②在里面点,黑❸即于上面做出一只眼来,白④打,黑❺接上后,黑棋仍活。

第69题 黑先劫

黑棋要净杀白棋不容易。因为白棋围地不小，而且有一定弹性。

正解图 黑❶必然跳入，白②冲下，黑❸夹，妙手，白④打，黑❺做劫，白⑥只好提，成劫争。

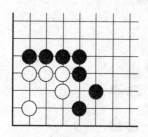

第69题

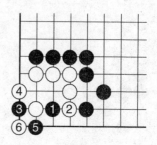

正解图

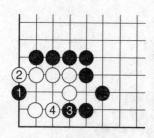

失败图

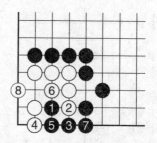

参考图

失败图 黑❶点，白②阻渡，黑❸冲，不行，白棋在4位顶就活了。

参考图 黑❶点时，白②冲，黑❸渡过，无谋，白④立下，黑❺接上，白⑥打，黑❼接，白⑧做活。

第70题　黑先活

黑棋做眼的地方很多，但不能大意，还是要用"三眼两做"的基本方法。

正解图　黑❶立下是正解，也是"三眼两做"。白②在上面提黑两子，黑❸做活。白②如在❸位冲，则黑即于2位提白一子，仍然活棋。

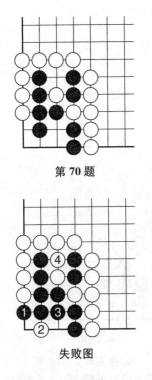

第70题

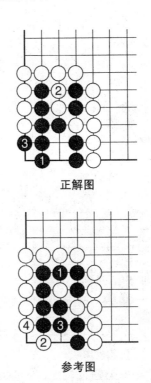

正解图

失败图

参考图

失败图　黑❶曲以为是"曲四"，其实不然，因外气紧，白②托，黑❸为防止倒扑只有接。白④再于上面提黑两子，黑棋不活。

参考图　黑❶在上面先提一子白棋，白②立即在下面托，黑❸只有接上，白④长入接回白②一子，黑不活。

第71题　黑先活

本题黑棋看似很好做活,但必须抓住白棋的缺陷才能做活,次序很重要。

正解图　黑❶先扳一手,是针对白棋断头的一个必要次序。白②接上,无奈。黑❸在一线小尖,白④尖,黑❺挡住,黑活。

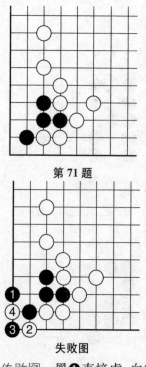

第71题

失败图

正解图

参考图

失败图　黑❶直接虎,白②立即在角上扳,黑❸无奈只好抛劫,白④提,成劫。黑棋不算成功。

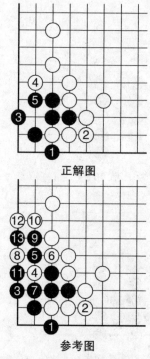

参考图　黑❸尖时,白④靠入,过分,黑❺扳,白⑥挤打,黑❼接上,白⑧在下面打,黑❾长,正确。白只好在10位拦打,黑⑪提白一子,白⑫立下,黑⑬再提,活得更大。

第72题　黑先白死

这是一个实战常形,黑棋可以利用▲一子"硬腿"和白棋外气很紧的缺陷,对白棋进行强攻。

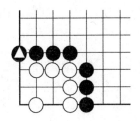

第72题

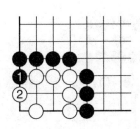

失败图

正解图　黑❶点入,白②挡阻渡。黑❸长入,因为白无外气,A位不能入子,白死。

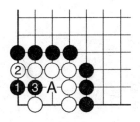

正解图

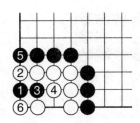

参考图

失败图　黑❶冲,也太不动脑筋了,白②只一挡就活了。

参考图　当白有外气时,黑棋是无法杀死白棋的,因为当黑❸长时,白可4位打,活棋。

第73题 黑先活

黑棋范围很小,内部又有两子白棋,怎样才能做活呢？这也是一个做眼的基本方法。

正解图 黑❶打,右边已经成了一眼。白②提去黑一子,黑❸反提白三子,白④虽然反提了黑一子,但黑❺打后可又成一眼,活棋。前面也讲过,提对方三子可成一眼,初学者应学会这个做眼方法。

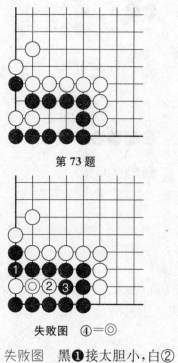

第73题

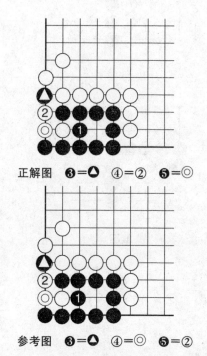

正解图 ❸=▲ ④=② ❺=◎

失败图 ④=◎

参考图 ❸=▲ ④=◎ ❺=②

失败图 黑❶接太胆小,白②上长,黑❸虽提得三子白棋,但仅成"直三",白④点后黑不活。

参考图 正解图中黑❸提白三子后,白④点,黑❺接上即可活。

第74题 黑先白死

黑棋已有一只眼,白棋好像气很长,但黑棋仍可置白棋于死地。

正解图 黑❶托,好手,白②打时黑❸挤入,白棋无眼.以后白棋无法紧气吃黑棋,而黑棋可通过紧白棋外气吃去白棋,这就是"有眼杀无眼",初学者应熟练掌握这种基本手法。

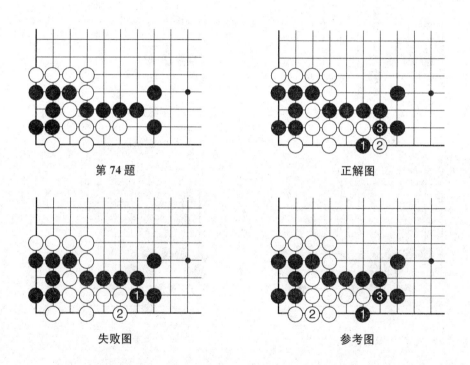

第74题

正解图

失败图

参考图

失败图 黑❶在外面企图紧气,白②立即做成一只眼,这样就成了双活,黑棋失败。

参考图 黑❶托时白②接,黑❸马上紧气,白仍无法吃黑棋,白死。

第75题　黑先白死

本题要让白棋出现假眼，就可杀死。

正解图　黑❶夹，白②扳，黑❸在外面挤打，白④接上后黑❺在下面打，白⑥提黑一子，黑❼退回，白不活。

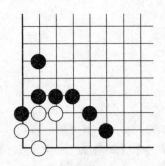

第75题

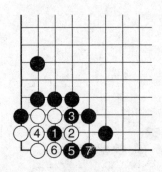

正解图

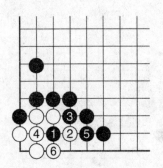

失败图

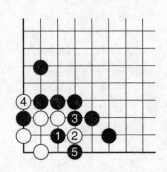

参考图

失败图　黑❶夹、白②扳、黑❸在外面挤打、白④接上后，黑❺在外面打，错，被白⑥提去一子后，白活。

参考图　当黑在3位打时，白④到左边去提黑一子，黑仍在5位打，白还是不活。

第76题　黑先活

黑棋只要扩大眼位就能做活。初学者应认识各种棋形。

正解图　黑❶立下形成边上"板六"，虽是断头但两边均有一口气，所以可以做活。白②点，黑❸顶，白④长，黑❺顶，白⑥打，黑❼提白两子，活。

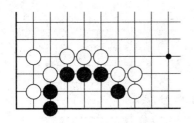

第76题

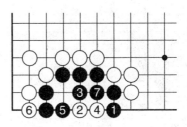

正解图

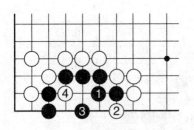

失败图

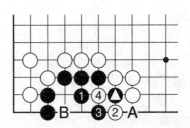

参考图

失败图　黑❶接上，里面已成"刀五"形。白②只需一扳，黑❸无用，白④点，黑死。白②如直接点3位，黑棋也无法做活。

参考图　黑❶在里面虎，白②打，黑❸反打，白④提劫。以后黑在▲位提白④时，白可在A位接，黑不能接，只有下在B位，白再在4位提劫。

第77题 黑先活

黑棋要做活就要注意白棋◎一子"硬腿"和自己▲一子的运用。

正解图 黑❶虎,是不太被人注意的一手,由于有黑▲一子,白在3位不能入子,只好于2位提,黑❸接上,白④扳,黑❺做活。

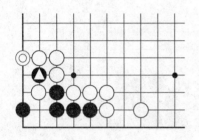

第77题

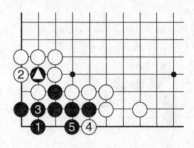

正解图

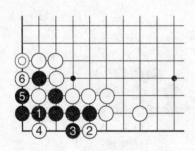

失败图

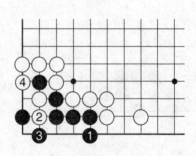

参考图

失败图 黑❶接打,白②在右边扳,黑❸打,白④点,由于有白◎一子,黑不能在6位立,只好于5位提,白⑥打,黑不活。

参考图 黑❶在右边立,白②先冲一手,等黑❸打时白再于4位提黑一子,黑不活。

第78题　黑先白死

黑棋可利用▲一子,这种杀棋方法也是初学者必须掌握的。

正解图　黑❶立,白②顶,黑❸扑入,白④只有提,黑❺挤入,白不活。另外,白②如在 4 位做眼,则黑在 5 位挤,白仍不活。

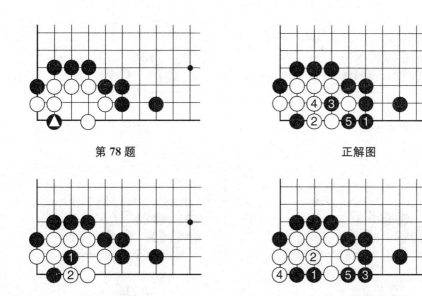

第78题　　　　　　　　正解图

失败图　　　　　　　　参考图

失败图　黑❶扳,白②挤入,白做成两眼,活。

参考图　黑❶在里面长,也是一种杀法。白②打,黑仍然要在外面 3 位立,白④提黑两子,黑❺挤,白不活。

第79题　黑先活

黑棋内部因含有白棋一子,所以要考虑这一子的作用,不能贪心,只要活棋就行。

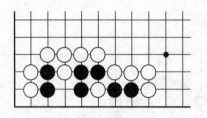

第 79 题

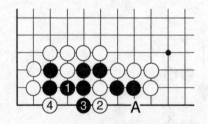

失败图

正解图　黑❶提白一子是"三眼两做",白②打吃黑两子,黑❸后活。

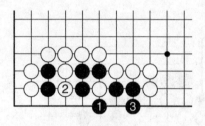

正解图

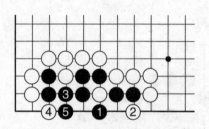

参考图

失败图　黑❶舍不得左边两子,白②立下,黑❸打,白④扳后黑死。黑❸如在 4 位立,白则在 A 位吃黑两子,黑死。

参考图　黑❶提时白②在右边扳,黑❸接回两子,白④扳,黑❺打后仍成两眼。

第80题　黑先活

本题是"三眼两做"，黑棋不可贪心，只要能活黑棋就算成功。

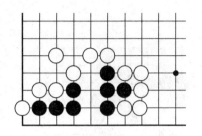

第80题

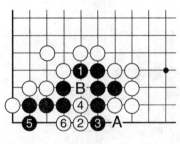

失败图

正解图　黑❶虎，保证了两个眼位，白②在上面挤，黑❸接，白④在下面扳入，黑❺打已成两只眼，活棋。

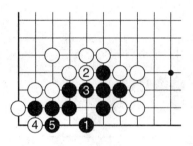

正解图

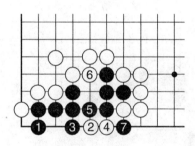

参考图　⑧＝④

失败图　黑❶在上面接，想活大一些，但白②点，黑❸阻渡，白④上长，黑❺立进一步扩大眼位，但白⑥曲后成为假双活，以后白可在A位打，黑要在B位接成"曲三"，黑死！

参考图　黑❶在左边立扩大眼位，白②点，黑❸在里面挡做眼，白④长回，黑❺打，白⑥在上面破眼，黑❼虽提得白两子，但白⑧扑后，黑仍不活。

第81题 黑先白死

黑棋要利用外面△一子"硬腿"来杀死白棋。

正解图 黑❶在里面托，好手！白②顶，黑❸扑，这是常用手段。由于有黑△一子，白棋不能在5位接，只好4位提，黑❺挤入，白棋不活。

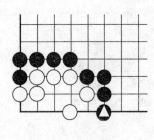

第81题

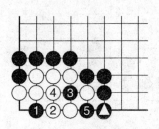

正解图

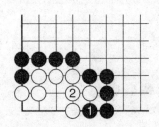

失败图

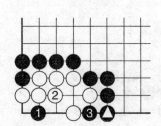

参考图

失败图 黑❶打，太随手，白②接上成为"曲四"，活。

参考图 黑❶托后白②做眼，也不行，黑❸还是仗着△一子"硬腿"在3位打，白棋仍然不能活。

第82题 黑先白死

白棋在角上有其特殊性,又含有黑 ● 一子,但黑棋仍可杀死白棋。

正解图 黑❶点正是死活要点,白②提黑一子后虽成"曲四",但黑❸长是黑在里面点了两手,白不活。

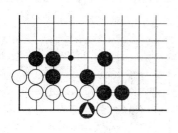

第82题

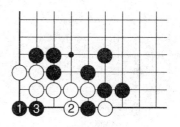

正解图

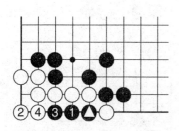

失败图 ❺=● ❻=❶

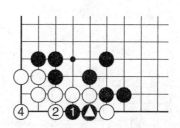

参考图 ❸=●

失败图 黑❶长是想压缩白棋,白②在角上先做成一只眼,黑❸再长,白④提黑三子,黑❺扑反提白一子,但白⑥做成一只眼,活棋。

参考图 黑❶长时白②提两子黑棋也可活。黑❸扑时白在4位做活。

第83题 黑先白死

白棋看似眼位很丰富,而且内含一黑子,但黑正是利用这一△黑子可杀死白棋。

正解图 黑❶挖,好手! 白②打,黑❸挤入打,白④提后黑❺反提白三子,白死。白②如改为黑❸处,则黑在2位长,白也不行。

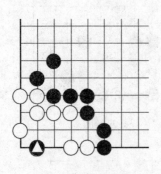

第83题

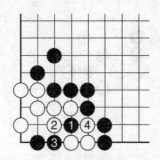

正解图 ❺=❶

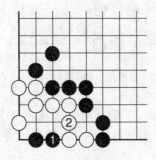

失败图

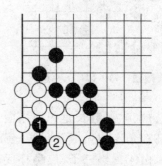

参考图

失败图 黑❶先顶,白②接上,活。

参考图 黑❶企图挤白眼位,但白②顶后已活。

第84题 黑先白死

白棋已有一只眼,而黑棋可落子之点也不多,请仔细推敲一下,办法是有的。

正解图 黑❶向下长出,好手,白②为防止黑棋在此处倒扑,接。黑❸接回两子,白死。

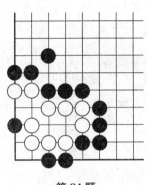

第84题

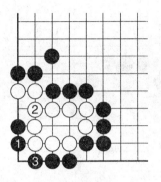

正解图

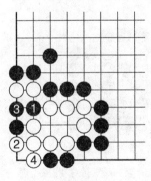

失败图

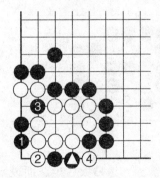

参考图 ❺=△

失败图 黑❶扑入,太急!白②打,黑❸只有提白两子,白④马上做成一只眼,活棋。

参考图 黑❶长入时白②打下面两子黑棋,黑在3位倒扑两子白棋,白④虽提黑两子,但黑❺扑后,白仍死。

第85题 黑先白死

白棋围地似乎不小,而且内有两子黑棋,但黑仍可以用压缩法杀死白棋。

正解图 黑棋在 1 位扳后再在 3 位连扳,妙!白④打时黑❺曲下形成"曲三",白棋不活。

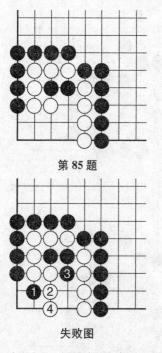

第85题

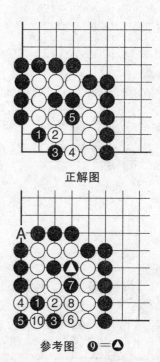

正解图

失败图

失败图 黑❶扳后半途而废,而黑在 3 位长,白④立下已活。

参考图 ❾=▲

参考图 黑如 A 位有断头,则白可劫活。当黑❸连扳时,白④扑入一手,妙!以下至黑❾点时白在 10 位提,由于 A 位有断头,黑不能于 4 位接,只好成劫。

第86题 黑先活

黑棋要想活棋,对付内部一子◎白棋是关键。

正解图 黑❶接是令人意外的一手,白②点,黑❸阻渡,白④接上,角上成为双活。

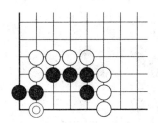

第86题

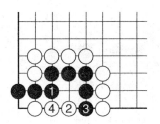

正解图

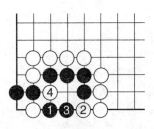

失败图

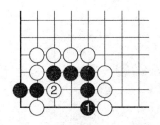

参考图

失败图 黑❶打,白②冲,黑❸挡时白④扑入,黑被吃,不活。

参考图 黑❶立下扩大眼位,但白②断后黑无后续手段,已无法做活。

第87题 黑先白死

猛一看黑棋好像很容易就可杀死白棋,切不可随手。

正解图 黑❶立下才是正解,白②扑入,黑❸提。由于白棋 A 位不能入子,所以白棋已经无法做活了。

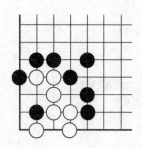

第87题

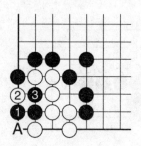

正解图

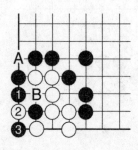

失败图

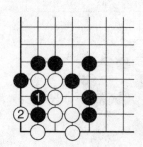

参考图

失败图 黑❶想引回黑棋一子,但由于 A 位有断头,白②抛入,黑不能于 B 位接,只好在 3 位提劫了。

参考图 黑❶顶,更不行,白②扳打,黑两子接不归,白反而活了。

第88题 黑先白死

白棋外气太紧,这样黑可利用白棋内部三子黑棋来消灭白棋眼位。

正解图 黑❶团同时卡住白棋眼位,白②只有曲,黑❸打,白棋已无法做活了。

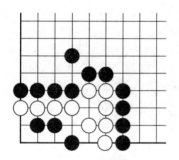

第88题

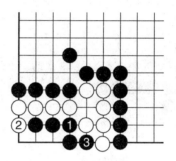

正解图

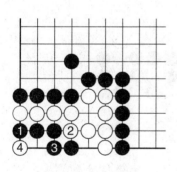

失败图

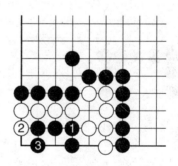

参考图

失败图 黑❶在角上立,白②马上做眼,黑❸接上,白④扑入一子,成了双活。

参考图 黑❶团后,黑❸做眼也可以,白棋仍不活。

第89题　黑先活

黑棋好像是"刀五"形状，又内有一子白棋，但仍有活棋机会。

正解图　黑❶顶，白②长，黑❸当然阻渡，白④再长一手，形成双活，黑棋可以满足了。

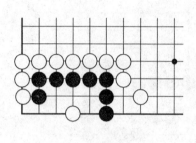

第89题

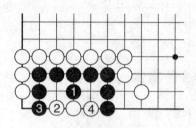

正解图

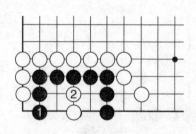

失败图

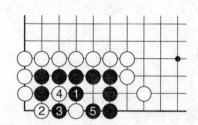

参考图

失败图　黑❶立下企图扩大眼位，白②上长，黑棋再也无法做活。

参考图　黑❶顶时白②扳，企图渡回，黑❸扑入，白④提，但黑❺打时白棋两子接不归，黑棋活得更大。

第90题 黑先劫

本题要注意的是黑棋只有两口外气,要想净活不容易。

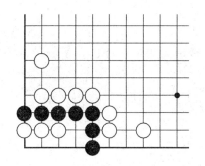

第 90 题

正解图 黑❶托入是无奈之着,因为外气太少,白②打,黑❸挤打,白④提,成劫。

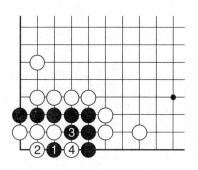

正解图

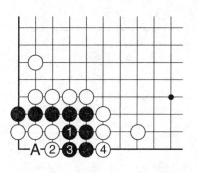

失败图

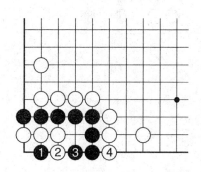

参考图

失败图 黑❶紧里面白气,白②做大眼,黑❸再紧气,白④打,黑被吃,其中白②如下在 A 位,则黑在 3 位抛劫。

参考图 黑❶点在白棋里面,白②打,黑❸紧气,白④也在外面紧气,成了"有眼杀无眼",黑死!

第四阶段 进阶提高

第91题 黑先白死

黑棋如何利用白棋内部一子 ⬤ 来杀死白棋是本题的关键。

正解图 黑❶立是利用⬤一子的好手，白②打，黑❸扳，由于气紧，白不能在5位打，只好在4位提黑两子，黑❺跟着长入，白已不活。

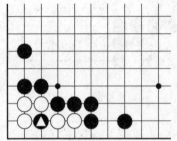

第91题

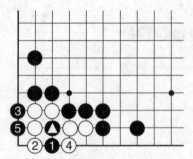

正解图

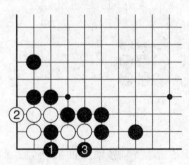

失败图

失败图 黑❶扳，白②提子，黑❸长时白④在右边做眼，黑❺只好抛劫，白棋劫活，黑棋不算成功。黑❶扳时，白②如在3位打，则黑2位立成"金鸡独立"，白不活。

参考图

参考图 黑❶立时白②在上面做眼，黑❸吃白两子，白不活。

— 94 —

第92题 黑先白死

黑棋在白棋内有一子,怎么运用它杀死白棋是关键。

正解图 黑❶先从外面压缩眼位,白②打,黑再3位扳,次序正确。白④打,黑❺接上后白⑥提,黑❼点,白不活。

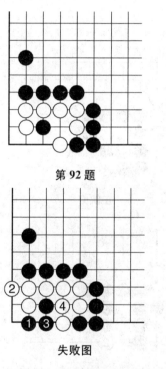

第92题

正解图 ❼＝❺

失败图 黑❶先在里面扳,次序错了,白②立下,黑❸接,白④也接上,成活。

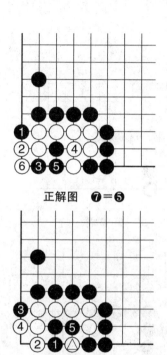

参考图 ⑥＝△

参考图 黑❶在里面立,白②不在5位接,而在外面反打,黑❸在上面扳,白④打,黑❺虽然能提白一子,但白⑥反提黑三子后已经活了。

第93题　黑先活

黑棋左下角已有一只眼，要在右边做出一只眼来就要发挥黑△一子"硬腿"的作用。

正解图　黑❶挖，白②打，黑❸挤入打，白④提黑一子，但黑❺打后白不能在1位接，如接，则黑可在A位全歼白棋。以后白A位接，黑在1位提白三子，活。

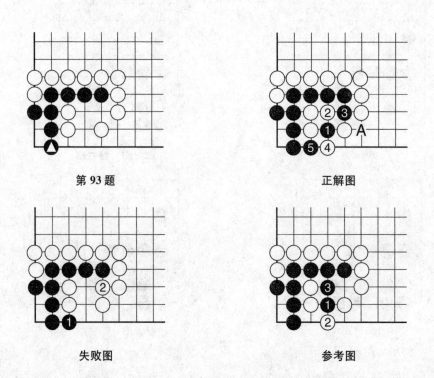

第93题　　　　　　　　　　正解图

失败图　　　　　　　　　　参考图

失败图　黑❶冲，随手，白②双，黑棋已无后续手段可活。

参考图　黑❶挖时白②在下面打，黑只要3位接上，白两子接不归被吃，黑活。

第 94 题　黑先活

这是在实战中可见之形,三子黑棋能做活吗?只要抓住白棋的缺陷就行。

正解图　黑❶先团,等白②接上黑❸再于上面扳,白④挡,黑❺做活。

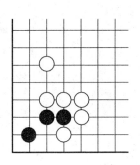

第 94 题

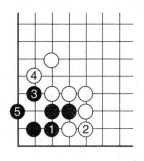

正解图

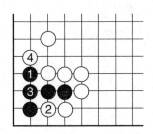

失败图

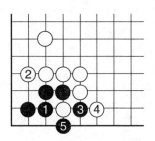

参考图

失败图　黑❶先扳,不行,白②马上打,黑❸只有接,白④挡后,黑做不活了。

参考图　黑❶团时白②在上面立下,黑❸就打吃白一子,白④打后黑❺提,已活。

第 95 题　黑先活

这是实战中常见之形,黑棋是完全可做活的。

正解图　黑❶在左边虎是正着,白②打,黑❸立,白④打后黑❺接上已成一只眼。白⑥在左边托,黑❼打,白⑧挤,黑❾提,白⑩打,黑⓫接上后又成一只眼,活了。

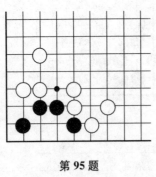

第 95 题

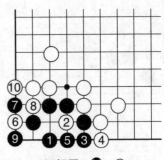

正解图　⓫=⑥

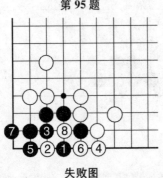

失败图

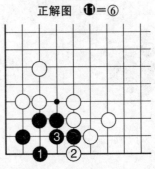

参考图

失败图　黑❶虎,方向错了,白②是常用破眼手法。黑❸打,白④立下,黑❺提,白⑥打,黑❼在角上做眼,白⑧提,成劫。

参考图　黑❶虎时,白②在下面打,黑棋仍是一只眼,活棋。

第96题 黑先活

黑棋要做活,不得不防白◎一子的活动能力。

正解图 黑❶在角上立下,正确,白②托,黑❸接上,白④也接,成为双活,黑可满足了。

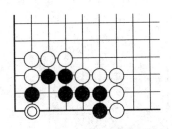

第96题

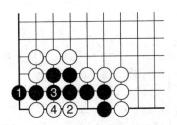

正解图

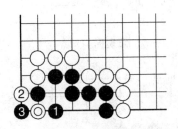

失败图

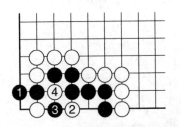

参考图

失败图 黑❶打是忽视了白◎一子的威力,白②打,黑❸只好提劫。

参考图 白②托时黑❸抛入,有点过分,白④提后成劫,黑棋不算成功。

第97题 黑先活

黑棋如何对待白◎一子是本题的关键。

正解图 黑❶打,方向正确,白②长,黑❸打,白④挤入,黑❺立即提去白两子,黑活。黑❺不要以为可倒扑黑两子而脱先,如脱先,则白可 A 位扑入,黑不活。

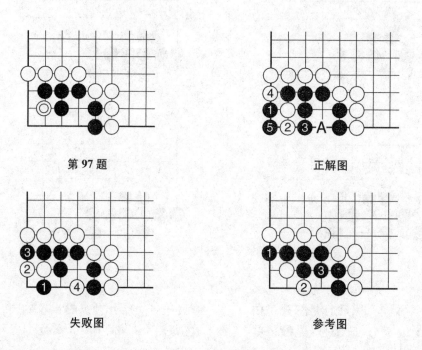

第97题

正解图

失败图

参考图

失败图 黑❶在下面一线打,方向失误,白②立,黑❸阻渡,白④打黑两子,黑接不归,死。

参考图 黑❶在左边立,白②扳,黑❸防扑,接上已无意义了,因为黑棋已做不活了。

第98题 黑先白死

如何利用白棋内部两子黑棋和角上的特殊性,是本题杀死白棋的关键。

正解图 黑❶曲,是典型愚形"空三角"的绝妙好手! 由于在角上白棋 A 位不能入子,只好 2 位做眼,黑❸渡过。白如 3 位阻渡,则黑在 2 位扳,白仍不能活。

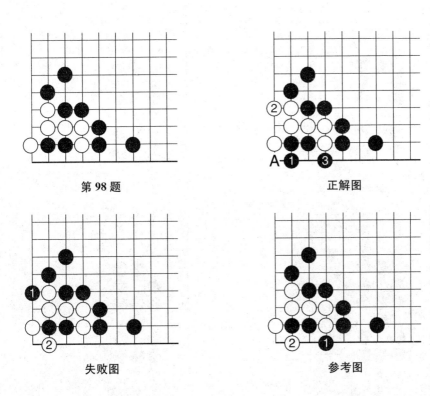

第98题

正解图

失败图

参考图

失败图 黑❶在一线扳,不对,白②在角上扳打两子黑棋,白活。

参考图 黑❶要在下边渡过两子黑棋,白②打,黑两子接不归,白棋活。

第99题 黑先活

本题黑棋内有一子白棋，而且外气太紧，虽然一般来说"两边同形走中间"，但此形有三个中间点，黑棋要慎重选出一个正解的点。

正解图　黑❶在下面接，做成下面一眼，白②在中间点，黑❸提上面一子白棋，白④接，黑❺也接，黑活。白④如在5位接，则黑在4位接回，仍活。

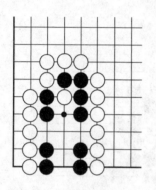

第99题

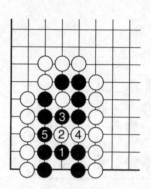

正解图

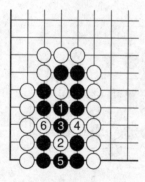

失败图

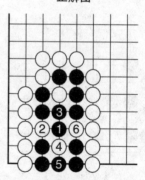

参考图

失败图　黑❶先提上面一子，失误。白②挖入，黑❸打，白④冲打，黑❺只有提，白⑥再打，下面成了假眼，不活。黑❶如在4位接，则白即于6位打，黑只有在1位提，白即于2位打，黑不活。

参考图　黑❶下在中间，白②挤打，黑❸提，白④扑入，妙手。黑❺提后白⑥再挤入，下面黑成假眼，不活。

第100题　黑先白死

黑棋有三个有利条件:内有两子伏兵,白棋外气紧,黑有⚫一子"硬腿"。但仍不能掉以轻心。

正解图　黑❶依托⚫一子"硬腿"点入,白②立下阻渡,黑❸长打吃白棋,白死。

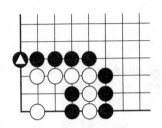

第100题

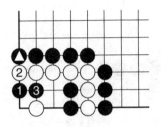

正解图

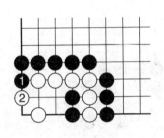

失败图

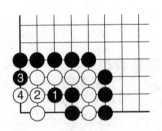

参考图

失败图　黑❶直接冲入,太随手,白②只一挡已成活棋。

参考图　黑❶在里面曲,白②挡,黑❸冲是无用之着,白④挡后已活。

第 101 题　黑先白死

这是实战中常见之形,黑棋可利用▲一子扳入杀死白棋。

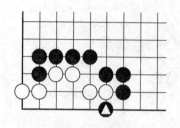

第 101 题

正解图　黑❶跳入,白②团住,黑❸接回一子,白④打已无用,黑❺接上三子后,白棋上面是假眼,不活。

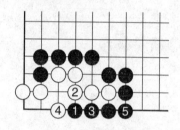

正解图

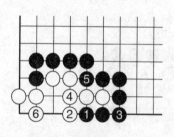

失败图

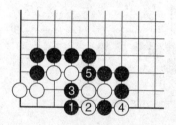

参考图

失败图　黑❶长,白②打,黑❸接后,白④接上做成"曲四",好手,黑❺紧气时白⑥做活。

参考图　黑❶跳入时白②阻渡,黑❸长,白不能在 5 位接,只好在 4 位提黑一子,但黑❺在外面挤打,白棋已回天无力了。

第 102 题　黑先白死

白棋内含两子黑棋,但黑有△一子"硬腿",这一子运用正确即可杀死白棋。

正解图　黑❶依托△一子"硬腿"点入,白②接上,黑❸也接回,白④挡,黑❺接上,白成"曲三"不活。

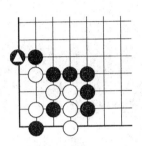

第 102 题

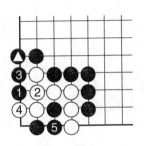

正解图

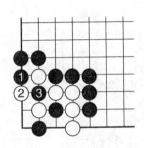

失败图

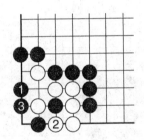

参考图

失败图　黑❶打,白②挡住,黑❸提劫,黑失败。黑❶打时白②不能在 3 位接,如接,黑 2 位长入,白死。

参考图　黑❶点时白②改为提,黑❸长入,白仍不活。

第103题 黑先白死

黑棋要杀死白棋要用意外手段才行。本题是很有名的一手。

正解图 黑❶点,是有名的一手,叫"老鼠偷油",白②阻渡,黑❸断、白④立时,黑❺在外面打,白死。此时白②如在3位接,则黑即于5位渡回,白仍不能做活。

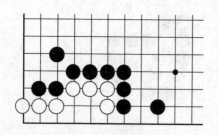

第103题

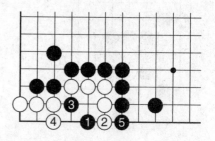

正解图

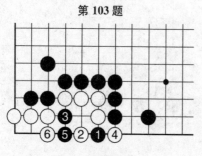

失败图

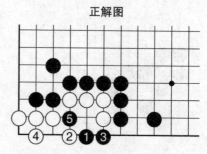

参考图

失败图 黑❶扳,白②打,黑❸在里面打,白④提,黑❺立下,白⑥打,已活(黑❶如改下在5位可双活)。

参考图 黑❶点时白②尖顶,黑❸退回,白④企图做活,黑❺扑入不仅吃了白四子,而且将白棋右边一眼变成了假眼,白仍不活。这种下法初学者尤应仔细玩味、体会。

第 104 题　黑先活

黑棋围空很小,内部还有两子白棋,上面又有白◎一子"硬腿",想做活有一定难度。

正解图　黑❶在里面先做成下面一只眼,白②团也做成了一只眼,黑❸立下阻渡,成了双活,黑棋应该满意。白②如改为 3 位渡过,则黑在 2 位做成两眼。

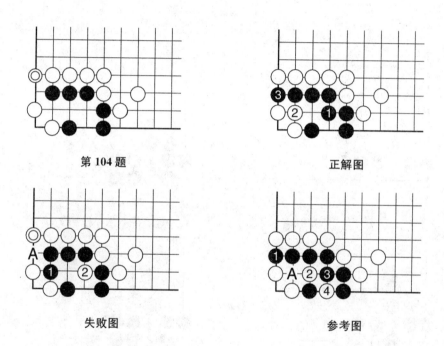

第 104 题

正解图

失败图

参考图

失败图　黑❶曲顶扩大眼位,做成"曲三",但白②点后,因白◎一子"硬腿",黑 A 位不能入子,黑棋无法做活。

参考图　黑❶立下阻渡,白②打,黑❸挤打,白④提。因为黑只有一口外气,故不能 A 位入子打,只好成劫。

第 105 题　黑先活

本题有一定难度,黑棋围地不大,形状又不完整,还有右边白◎一子"硬腿"。黑棋要用特殊方法才能做活。

正解图　黑❶贴着白棋立下,白②点,黑❸挡并做成了角上一只眼。白④挤入打时黑❺提,白⑥扑入,黑不提而在7位接,好手! 白⑧提黑四子,黑❾在▲位反打两子白棋,又成一只眼,活棋,这种下法叫作"倒脱靴",又叫"脱骨",是初学者应掌握的一种方法。

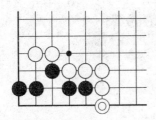

第 105 题

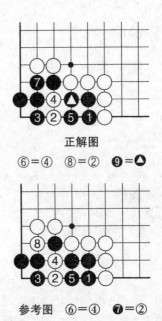

正解图

⑥=④　⑧=②　❾=▲

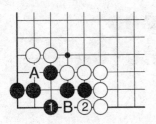

失败图

失败图　黑❶以为是"三眼两做",但白②冲后 A、B 两处必得一处,黑是假眼,不活。

参考图　⑥=④　❼=②

参考图　当白⑥扑入时黑❼在 2 位提,被白⑧打后反而不活。

第106题　黑先白死

白棋围地很大,黑棋要杀死白棋需要动脑筋。

正解图　黑❶点是本形死活要点,白②扩大眼位,黑❸长,白④团后黑❺向角里长,白棋成了"盘角曲四",死!

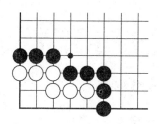

第 106 题

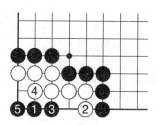

正解图

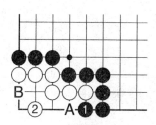

失败图

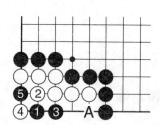

参考图

失败图　黑❶冲,白②虎,以后白棋 A、B 两处可得一处,成为活棋。

参考图　黑❶点时白②团,本来黑棋应向角里长,以后白 A、黑❸,成正解图。但现在黑❸向外长了,白④立即抛劫,黑❺提后成劫,黑棋失败。

第107题 黑先白死

本题白棋叫"盘角板六"。一般在边上或中间的"板六",都是活棋。而在角上就不同了,本形白又无外气,黑棋是可以杀死白棋的。

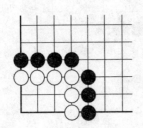

第107题

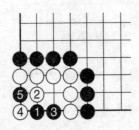

失败图

正解图 黑❶点在二线,白②夹,黑❸向边上立,方向正确。由于白棋无外气,白A位不能入子,白死。

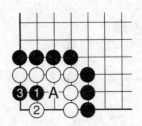

正解图

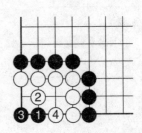

参考图

失败图 黑❶点在一线,错!白②顶,黑❸向里长,白④抛劫,黑❺只有提劫。

参考图 正解图中黑❸如向角上长,仍不行,白④打,可活。

第108题 黑先劫

本题和第 144 题的区别是白有一口外气,黑棋就无法净杀白棋了。

正解图 黑❶点在一线,正确。白②顶,黑❸向里长,白④抛劫,黑❺提。由于白棋只有一口外气,A 位不能入子,形成"胀牯牛",只好劫活。

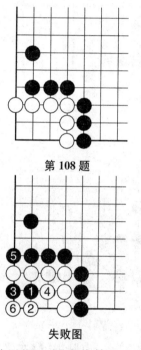

第 108 题

正解图

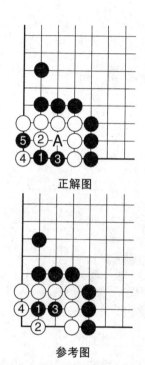

失败图

失败图 黑❶像第 144 题正解图一样在二线点,不行,白②夹,黑❸向边上长,白棋因外面有一口气,所以可以在 4 位打,黑❺在外面打,白⑥提黑两子,活。

参考图

参考图 白②夹时黑❸向里长,白④就改为在一线打,仍可活。

第109题 黑先白活

本题白棋"盘角板六",有两口外气,黑棋是无法杀死白棋的。

正确图 黑❶点在二线,白②夹,黑❸向边上长,白④打,黑❺紧气,白⑥可不急于提子,白活。

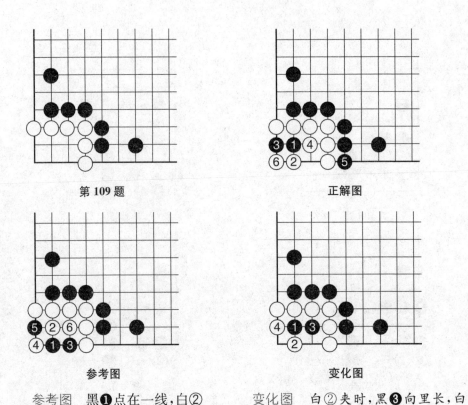

第109题

正解图

参考图

变化图

参考图 黑❶点在一线,白②顶,黑❸长,白④抛入,黑❺提后,白因为有两口外气,可以在6位打,成为"胀牯牛",活棋。

变化图 白②夹时,黑❸向里长,白④打,白棋仍活。

以上三种"盘角板六"初学者一定要仔细分辨,搞清异同之处。

第 110 题　黑先白死

这是实战中常见之形。黑棋要看准白棋的缺陷。

正解图　黑❶点，正中白棋要害，所谓"逢方必点"正是指此。白②顶，黑❸在外面紧气，白④为防黑棋倒扑两子白棋，只好接上。黑❺再扳，白⑥挡，黑❼长入，白死。

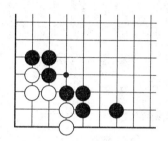

第 110 题

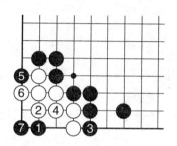

正解图

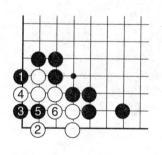

失败图

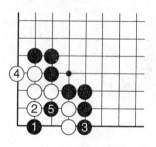

参考图

失败图　黑❶先扳，次序错了，白②在一线跳下，黑❸点，白④挡，黑❺长，白⑥打，白活。

参考图　正解图中黑❸挡时，白④在上面做眼，黑❺扑入，白仍不活。

第111题　黑先活

这是实战中常见之形，黑棋仅三子，可以做活，但方向很重要。

正解图　黑❶在下面一线虎，方向正确，白②点时黑不予理睬而在右边3位做眼。白④挤入黑❺打，已活。白②如在3位扳，则黑于2位做活。

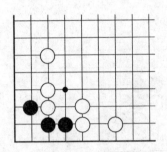

第111题

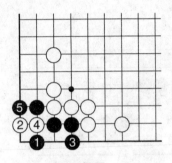

正解图

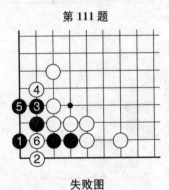

失败图

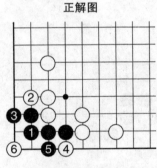

参考图

失败图　黑❶在角上虎，方向错了，白②点，黑❸长，白④挡后黑❺立下，白⑥插入后由于气紧，黑棋两边不能入子，是所谓"金鸡独立"形。黑不活。

参考图　黑❶接上，白②挡下，黑❸立，白④扳压缩黑棋成了"曲三"，白⑥点，黑不活。

第112题 黑先白死

本题为杀棋的基本方法之一，初学者应熟练掌握。

正解图 黑❶先在里面点，白②打，黑❸立下，由于气紧，白不能5位团眼，只好在4位提黑一子，黑❺挤入，白死。

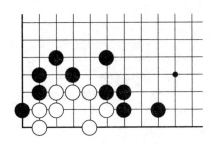

第 112 题

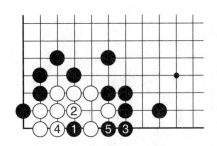

正解图

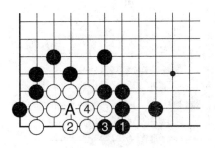

失败图

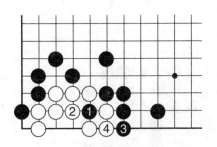

参考图

失败图 黑❶先立，白②平，黑❸打，白活。黑❸如改为在4位扑入，则白在3位接上，仍可活。白不可在A位提，如提则黑在3位挤入，白不活。

参考图 黑❶先扑，白②提后，黑❸立下，白④接，活了。

第113题　黑先白死

黑棋虽然有两子在白棋内部，但如运用不当也起不了作用。

正解图　黑❶先在白棋里面扑一手，好次序。白②提后黑再3位扳成为"金鸡独立"，白两边不能入子，死。

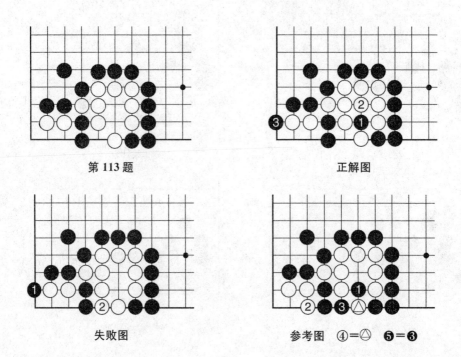

第113题　　　　　　　　　　正解图

失败图　　　　　　　　　参考图　④＝△　❺＝❸

失败图　黑❶不先扑，而直接在角上扳，白②可以打吃黑两子，可活。

参考图　黑❶扑时白②在外面打，黑❸提白一子，白④当然反提黑三子，但黑❺再提去白子时，白棋右边成不了真眼，活不了。

第114题　黑先活

黑棋右边实际上已有一个眼位了,怎样做出左边这只眼是本题的关键。

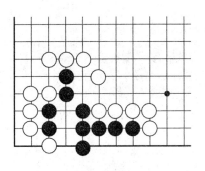

第114题

正解图　黑❶在外面团,妙手。白②挖打,黑❸接上后白②一子接不归,白④在外面接,黑❺提白一子,活。

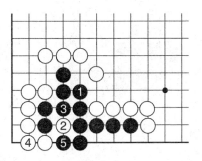

正解图

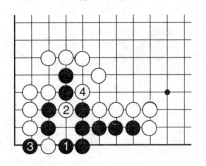

失败图

失败图　黑❶在一线打,白②在里面扑入,黑❸不能在 4 位团,只好提下面一子白棋,但白④挤后黑不活。

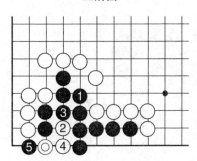

参考图　⑥＝◎　❼＝④

参考图　正解图中黑❸打时白④接,黑❺提白三子,白⑥扑,无用,黑❼提后仍成一只眼。

第 115 题 黑先活

黑棋可以做活,但要注意黑棋无外气。

正解图 黑❶跳下是正着,白②冲,黑❸挡,黑棋已经活了。

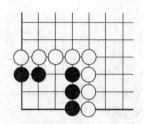

第 115 题

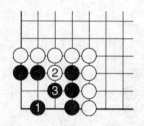

正解图

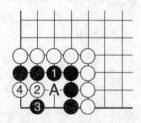

失败图

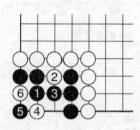

参考图

失败图 黑❶接上,成了紧气的"盘角板六"。白②点,黑❸夹后白④立下,黑由于气紧 A 位不能入子,死。

参考图 黑❶曲,白②冲下,黑❸挡,白④托,黑❺只好抛劫,成劫活,黑失败。

第116题　黑先活

黑棋角上很小,有两子将被吃,但正是有这两子的利用,黑棋才有可能做活。

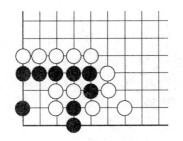

第116题

正解图　黑❶尖要引出两子,白②只好打,黑❸打,白④提黑两子,黑❺做活。

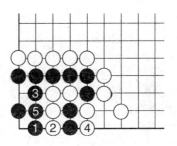

正解图

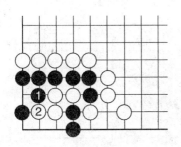

失败图

失败图　黑❶先在上面紧白气,可是白②曲打黑棋,黑已不活。

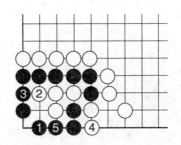

参考图

参考图　黑❶尖时白②在里面曲打黑棋,黑❸接后,白④在外面打,黑❺接上后,白内部四子反而被吃,黑棋所得便宜更大。

第117题 黑先活

黑棋角上明显有一个眼位,故要扩大右边,使其成眼。

正解图 黑❶托,白②挡,黑❸立下,白④企图破眼,但来不及了,黑❺接上后黑棋已活。

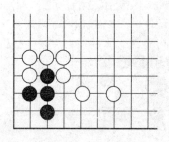

第117题

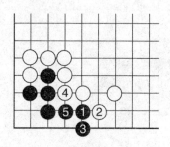

正解图

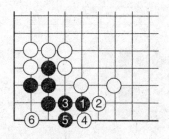

失败图

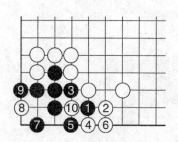

参考图

失败图 黑❶托,正确。但白②扳时黑❸接,错,白④扳、黑❺挡后里面成为"刀五"。白⑥点,黑死。

参考图 黑❶托,白②扳时黑❸虎,白④打,黑❺打,白⑥接上,黑❼做眼,白⑧点,黑❾挡,白⑩提劫,黑失败。

第118题　黑先白死

这是实战中常见之形,黑棋可以杀死白棋。

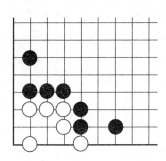

第118题

正解图　黑❶点入,白②当然阻渡,黑❸扑一手完全必要,当白④提时黑❺长入,白死。

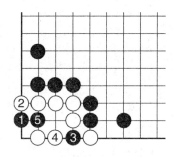

正解图

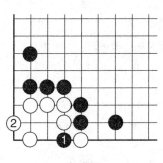

失败图

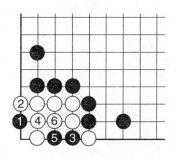

参考图　❼=❸

失败图　黑❶先扑,是次序失误,白②只简单一虎即活。

参考图　正解图中黑❸扑时白④打,黑❺就长入,白⑥提黑两子,黑❼扑入,白仍不活。

第119题 黑先白死

黑棋主要依靠△一子"硬腿"才能杀死白棋。

正解图 黑❶断,白②打,黑❸长一子,白④在外面打,同时已经在右边做出一只眼了,但黑❺凭着△一子"硬腿"夹打,白⑥提,黑❼又扑入一子,白⑧只能在一线提,黑❾接,白左边不成眼,不能做活。

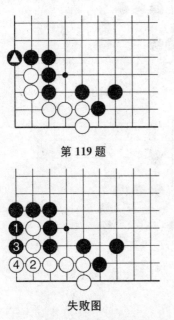

第119题

正解图 ❼=❶ ⑧=❸

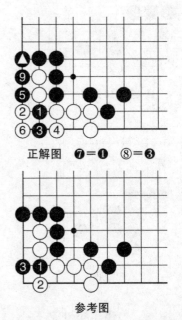

失败图

参考图

失败图 黑❶冲,白②接上,黑❸再冲,白④挡成"直四",活了。黑❶如在3位夹,白仍于2位接,仍成"直四",可活。

参考图 黑❶断时白②改为在下面打,黑❸立下成"金鸡独立",白不活。

第120题　黑先活

黑棋内有两白子，外有 A 位断头，要想活棋可要动一番脑筋，好在落子点不多。

正解图　黑❶曲，白②接上后黑❸再接上，成为双活，黑可满足。黑❶时白如在 3 位断，则黑可于 2 位挤入，成两眼，活。

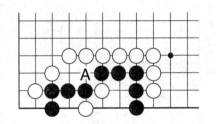

第120题

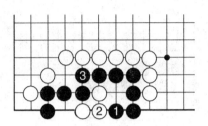

正解图

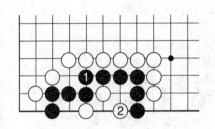

失败图

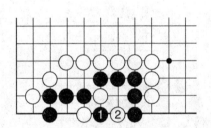

参考图

失败图　黑❶先在外面接断头，白②虎，黑不能活。

参考图　黑❶扑在此图中是恶手，白②提后黑棋已经无法做活。

第121题　黑先白死

白棋角上只有一只眼,如白A黑B,黑棋可以不管。黑棋主要是靠右边⚫一子不让白棋做出眼来。

正解图　黑❶尖是本题破眼的关键一手,白②顶,黑❸挖。因为白在5位不能入子,所以只好4位接,黑❺也接上,白右边不能成眼,死。

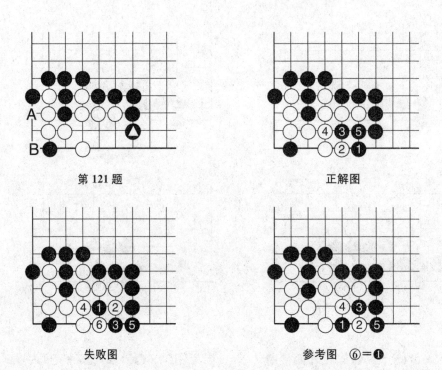

第121题

正解图

失败图

参考图　⑥=❶

失败图　黑❶跳入,白②冲,黑❸渡过,白④接同时打吃黑一子,黑接不归,黑❺只有在外面接,白⑥提黑一子,活。

参考图　黑❶小飞,碰,白②打,黑❸打时白④提,黑❺在外面打,白⑥接上后已经活棋。

第122题　黑先白死

本题黑棋要杀死白棋,主要是利用白棋无外气。

正解图　黑❶点,白②尖顶,黑❸上长。由于白无外气,A位不能入子,所以白死。

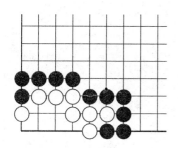

第122题

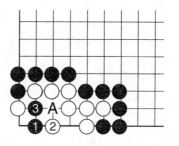

正解图

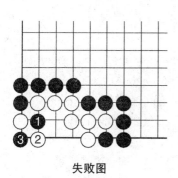

失败图

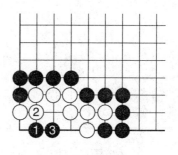

参考图

失败图　黑❶打,白②反打,黑❸提劫,黑棋不成功。如果本题白棋有外气就应这样下。

参考图　黑❶点时白②接上,黑❸长出,白也不活。

第 123 题　黑先劫

黑棋几乎没有活动余地了,而且❶一子还在被打吃,但白棋也有缺陷,黑棋要抓住。

正解图　黑❶在上面挖,白②退,黑❸打,白④只好提劫,黑棋可以满意了。

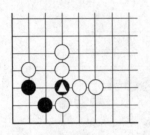

第 123 题

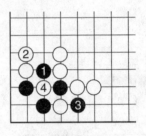

正解图

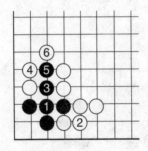

失败图

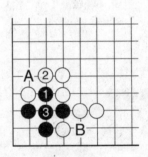

参考图

失败图　黑❶接,白②当然也接上,黑❸冲后白④退,黑❺再冲,白⑥挡,黑不活。

参考图　黑❶挖时,白②打,错。黑❸接上后 A、B 两处必得一处,黑可活。

第124题 黑先白死

白棋左边已经有了一个眼位，本题的关键是黑棋要利用右边白棋的断头来破坏它的眼位。

正解图 黑❶挖入，白②在下面接，黑❸在上面打，白④接，黑❺接回一子，白不成眼，死。

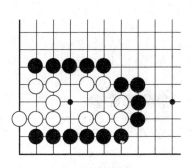

第 124 题

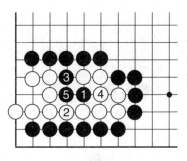

正解图

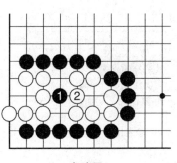

失败图

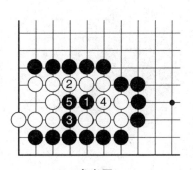

参考图

失败图 黑❶点，白②接上，右边已成一只眼，黑又无法分断白棋，白活。

参考图 黑❶挖时白②在上面接，黑❸就在下面打，白④接，黑❺也接回黑子，白不活。

第 125 题 黑先活

这也是实战中常见之形。黑棋形状很规则,很有做活的可能。

正解图 黑❶也是"两边同形走中间"的下法。白②点,黑❸阻渡,白④再点,黑❺阻渡,白⑥接上,黑❼补上,成为双活。

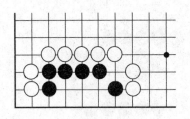

第 125 题

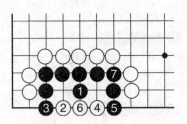

正解图

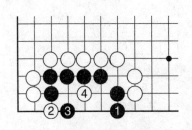

失败图

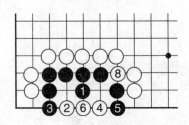

参考图 ❼脱先

失败图 黑❶在一线立下,白②扳,黑❸打里面成为"刀五",白④点,黑不活。

参考图 正解图中黑❼脱先,不行,白⑧挤后,黑棋是"断头板六",不活。

第 126 题　黑先劫

黑棋虽被填得几乎没有地方落子,但仍有活动余地。

正解图　黑❶扑入是意外之着,白②提,黑❸打,白④提,黑❺提劫。

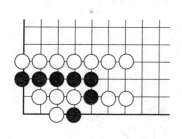

第 126 题

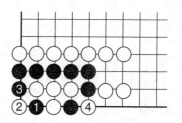

正解图　❺=❶

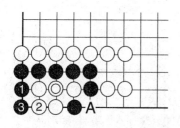

失败图　④=◎

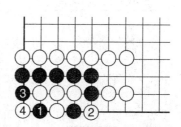

参考图

失败图　黑❶打,白②团,黑❸提仅成为"刀把五",白④点入,黑死。黑❶打时白如在 A 位提,则黑在 2 位抛入,成劫。

参考图　黑❶先扑入,白②提,黑❸打,白④提劫,但不如正解图,本图是黑棋后手劫,而正解图是黑棋先手劫。

第 127 题　黑先活

黑棋角上围地不大,而且内有一子白棋,所幸白◎一子离得较远,还可以做活。

正解图　黑❶夹是好手,白②立,黑❸挤,白④尖企图引出白两子,但黑❺挡下后已活。白④如 5 位曲,则黑在 4 位打,仍活。

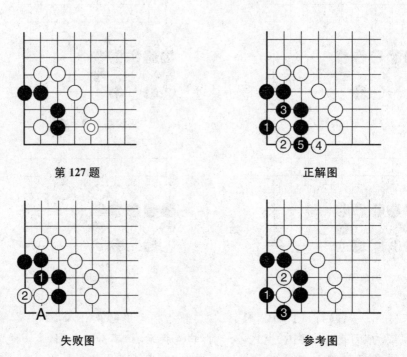

第 127 题

正解图

失败图

参考图

失败图　黑❶挤,白②立下,黑死。黑❶如在 A 位扳,则白仍 2 位立,黑也不活。

参考图　黑❶夹时白②向里面长,黑❸即在一线打,仍然是活棋。

第128题　黑先白死

这是"盘角板六"，白棋虽然有一口外气，但有断头，黑可杀死白棋。

正解图　黑❶在二线点，正确。白②接，黑❸立下，白棋不活。

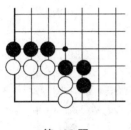

第128题

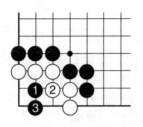

正解图

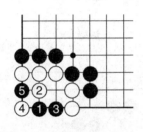

失败图

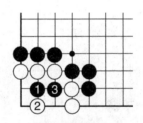

参考图

失败图　黑❶在一线点，失误！白②顶，黑❸向右长，白④抛入，黑❺只好提劫。黑❸如向左长，则白在3位打，活棋。

参考图　黑❶点时白②夹，黑❸只简单地向右一长打白三子，白死。黑不可向左长，如长，则白3位打，可活。

第 129 题　黑先劫

此题与第 170 题的区别是白棋两边均有外气,这样黑棋就不能净杀白棋了。

正解图　黑❶点在一线正确。白②顶,黑❸先立下,再 A 位倒扑右边两子白棋,白棋只好在 4 位抛入,黑❺提,成劫。

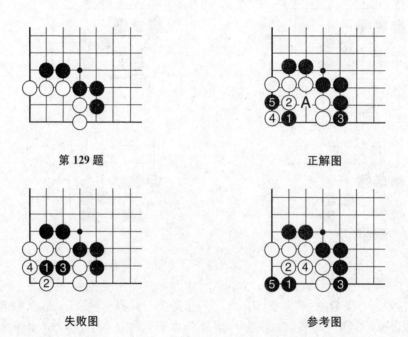

第 129 题

正解图

失败图

参考图

失败图　黑❶点在二线,不对,黑❸向右长,白④打后活棋,黑❸如向左长,白就可以在 3 位接,仍可活棋。

参考图　黑❶点,白②顶,黑❸在外面紧气时白④接,则黑❺长出,白死。

第130题 黑先白死

这是白棋侵入角时所能成的一个常见形状,黑棋从何处入手才能杀死白棋呢?

正解图 黑❶立也是一种压缩,白②挡,黑❸扳进一步压缩白棋,白④想做眼,黑❺点入,白⑥阻渡,黑❼再在上面扳,白⑧挡,黑❾长,白不活。

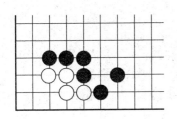

第130题

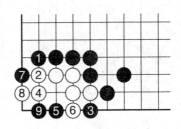

正解图

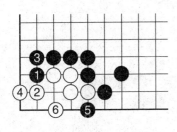

失败图

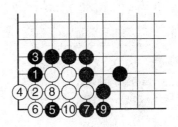

参考图

失败图 黑❶扳是欲速则不达。白②扳,黑❸接,白④立,黑❺扳,白⑥做活。

参考图 当白④长时黑❺点,白⑥立下,好手。黑❼想渡过黑❺一子,但白⑧挤打,黑❾接,白⑩提,白仍活。

第131题　黑先活

黑棋右边已有一只眼,黑棋的任务是在左边做出一只眼来。

正解图　黑❶打是很容易想到的一手棋,白②提后,黑❸立是妙手,既做成了左边一只眼,又可渡过,白④接,黑❺也接上,活棋。

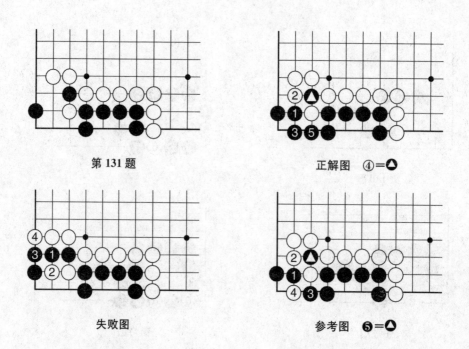

第 131 题

正解图　④=△

失败图

参考图　❺=△

失败图　黑❶害怕被吃,向外逃出,白②打,黑❸接,白④在外面打,黑子被吃,自然不活了。

参考图　正解图中白②提时,黑不在4位立而于3位打,不行。白立即在4位扑入,黑棋无奈,只好在△位提白一子成劫,黑不算成功。

第 132 题　黑先活

黑棋围地很小，而且有白△一子正对黑棋空挡处，黑棋还有做活的可能吗？

正解图　黑❶在一线小尖，是所谓不容易发现的"盲点"。白②冲，黑❸挡，活棋。

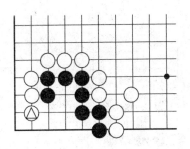

第 132 题

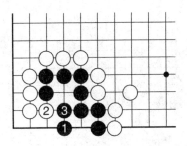

正解图

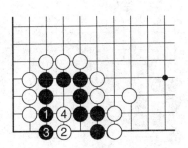

失败图

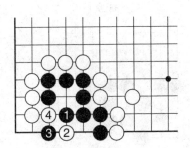

参考图

失败图　黑❶挡下，但白②点后，黑❸阻渡已无用，白④长入，黑不活。

参考图　黑❶在二线先做上面一只眼，白②托，黑❸打时白④挤入，黑不活。

第133题　黑先活

黑棋好像有很多眼位，但是也有不少缺陷，黑棋在做活时千万不能随手。

正解图　黑❶在角上立下是"三眼两做"，白②托，黑❸接，白④提黑两子，黑❺断下白一子，活。白④如于5位接，则黑在4位提白一子，仍可活。

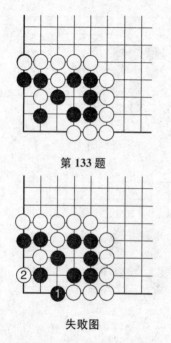

第133题

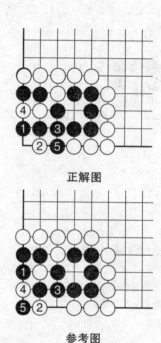

正解图

失败图

参考图

失败图　黑❶为防白棋长入，而白②扳后倒扑上面两子黑棋，黑不能活。

参考图　黑❶先提上面一子白棋，白②在角上靠托，黑❸接，白4位抛入，黑❺只有提劫，黑❸如在4位接，则白在3位抛入，仍成劫，黑棋不成功。

第 134 题　黑先白死

黑棋虽有两子在白棋内部,但若利用不当是杀不死白棋的。

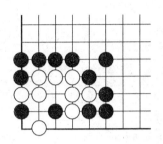

第 134 题

正解图　黑❶立下,白②阻渡,黑❸接上成"有眼杀无眼",白死。

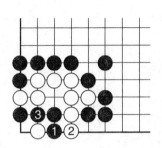

正解图

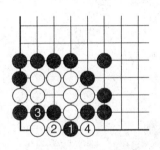

失败图

失败图　黑❶扳,白②打,黑❸当然接上,但白④提黑一子后成为双活,黑失败。

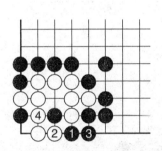

参考图

参考图　黑❶扳时白②打,黑❸接,错,被白④接上后,白活。

第135题　黑先活

这是实战中常见之形，黑棋是
可以做活的。

正解图　黑❶扳，等白②立后黑再于
3位做眼，白④打，黑❺也打，白⑥提黑一
子，黑❼紧气，黑角成了"胀牯牛"，活棋。

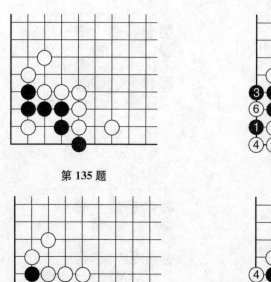

第135题

正解图

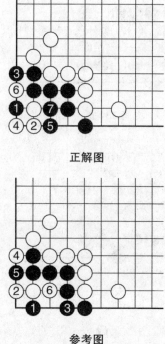

失败图

参考图

失败图　黑❶夹，不行，白②
立下，黑❸紧气，白④扑入，黑棋已
无法做活。

参考图　黑❶夹，白②立时黑❸改为
在下面接上，白④就在上面扳入，黑❺阻
渡时白⑥长，黑不活。

第136题 黑先活

黑棋围地不大,但可利用角上的特殊性做活。

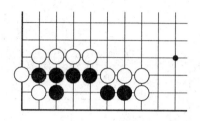

第 136 题

正解图 黑❶先扑入一手,是角上常用手段,白②提,黑❸立下,白④接,黑❺虎,白⑥扳,黑❼做活。

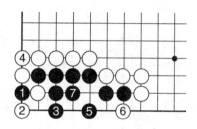

正解图

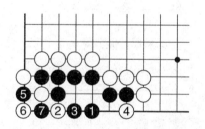

失败图

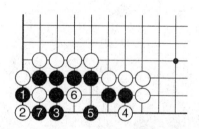

参考图

失败图 黑❶在右边先虎,白②在左边扳,黑❸打,白④在右边破眼。黑❺扑,已迟了一步,白⑥提后,黑❼只能成为劫争。黑❸如在 4 位做眼,则白于 3 位长入,黑不活。

参考图 正解图中黑❸立时,白④到右边扳破眼,黑❺虎,白⑥点无理,过分之着!黑❼在角上打,白两子接不归,黑棋活得更大。

第137题　黑先活

黑棋活棋的关键是对付内部两子白棋。

正解图　黑❶在一线虎，白②接回一子并打黑两子，黑❸不接而是冲入，正确。白④虽提黑两子，但黑❺"打二还一"，反在△位提去白④一子，成活。

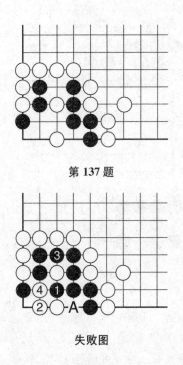

第137题

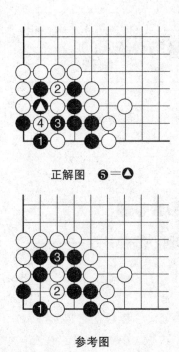

正解图　❺＝△

失败图

参考图

失败图　黑❶冲断，白②长入，黑❸只有提白一子，白④挤入。由于黑棋无外气，所以 A 位不能入子打吃白三子，黑不活。

参考图　黑❶尖顶时白于 2 位接，黑只要在 3 位接上即可活。

第 138 题　黑先白死

白棋围地很大,但有三个缺陷:第一外气太紧,第二内有⬤一子黑棋,第三上面有一个缺口。

正解图　黑❶点入,白②接,黑❸向右长,白④顶,黑❺打,白死。

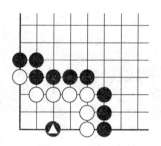

第 138 题

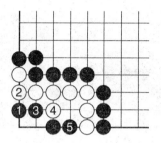

正解图

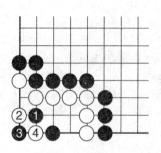

失败图

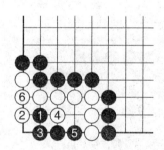

参考图

失败图　黑❶尖顶,白②扳,黑❸抛入,白④提,成劫,黑棋失败。

参考图　失败图中白②扳时黑❸接,白④挤入,黑❺长,白⑥接成双活。黑❺也可 6 位提,依然是劫。

第 139 题　黑先白死

白棋虽然形状好像很完整,但仍有缺陷可利用。

正解图　黑❶先在里面点是好手。白②接上黑❸长入,白④提后,黑❺在△位扑入后白不活。

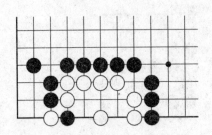

第 139 题

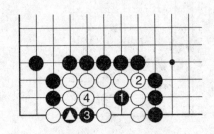

正解图　❺=△

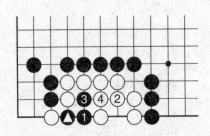

失败图　❺=△　❻=❶

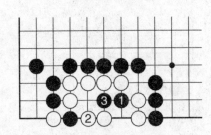

参考图

失败图　黑❶先在一线长,次序错误。白②团,黑❸希望长入破眼,但白④提黑三子,黑❺在△位扑入,白⑥在 1 位打又成一眼,活棋。

参考图　黑❶点,白②在下面提黑一子也只能成为"曲四",黑❸长则白死。

对于一些常见的较复杂的死活棋形,如"大猪嘴""小猪嘴""盘角板六"及其变形等,一定要掌握其死活技巧。

第 140 题 黑先劫

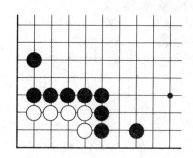

第 140 题

这个形状在实战中比较常见,叫作"带钩",因为没有外气,所以又叫"紧带钩"。黑先是有手段可施的。

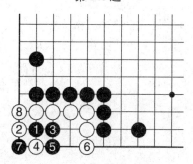

正解图

正解图 黑❶夹是好手,白②扳,黑❸长入,白④扳后黑❺打,白⑥到右边立下,黑❼提劫,白⑧接上,黑虽成劫,但不能一手置白棋于死地,黑也不能在 4 位接,如接则成双活,所以此劫名"万年劫"。

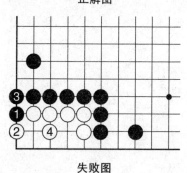

失败图

失败图 黑❶扳,太随手,白②打,黑❸接,白④虎后活了。

参考图一　正解图中黑❸长时白④曲,黑❺立,白⑥挤入,黑❼、黑❾在两边立下,白⑧、白⑩分别接上,成双活。黑❺如在6位曲下,则白在5位抛劫,所以双活和打劫的决定权在黑棋手里。

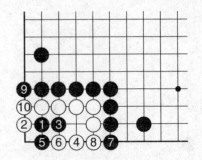

参考图一

参考图二　黑❶夹时,白②立,黑❸向右长,白④夹,黑❺向左长,白⑥尖,黑❼立下以后 A、B 两处必得一处,白不活。

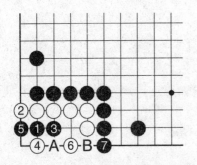

参考图二

第141题 黑先白活

此形也是"带钩",但外面多了一口气,叫作"松带钩"。黑先是无法杀死的,初学者不可不知。但白棋对应不能有错,否则危险。

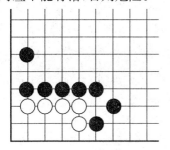

第141题

正解图 黑❸长时白④托,黑❺打,白⑥退,成为双活。

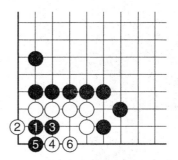

正解图

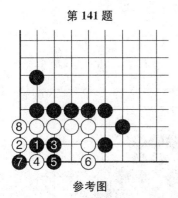

参考图

参考图 黑❸长时白④扳,黑❺打,以下至白⑧成"万年劫"。

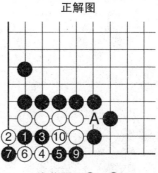

变化图 ⑧=⑥

变化图 黑❸长时白④托,黑❺打,白⑥多送一子,黑❼提白两子,白⑧反提,黑❾渡,但白因 A 位有一口气可以在 10 位挤打,黑两子接不归,白活。

第 142 题　黑先劫

黑棋外无气,且内有伏兵,黑还有手段吗?

正解图　黑❶挤,也只有这一处可下棋了。白②也只有提黑一子,黑❸提后成劫,但以后黑还要在▲位提劫,这就是所谓"两手劫"。

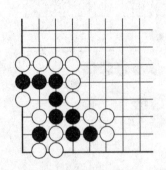

第 142 题

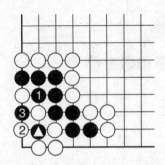

正解图

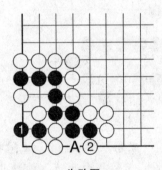

失败图

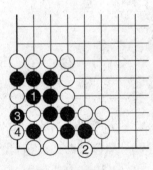

参考图

失败图　黑❶立,但白②扳后由于气紧黑 A 位不能入子,死。

参考图　黑❶挤打时白②在下面扳,黑❸提,白④只有做劫求活。

第 143 题 黑先劫

黑棋想要净活不容易，能在外无气、内有子的情况下成劫就应满足了。

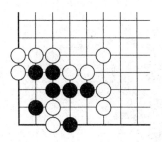

第 143 题

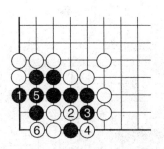

失败图

正解图 黑❶立下打吃两子白棋，白②只有跳入破眼，黑❸抛劫，白④提，成劫。

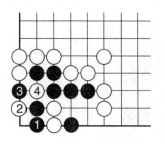

正解图

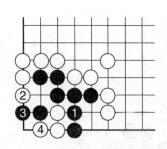

参考图

失败图 黑❶挡，白②逃，黑❸挤，白④提同时打黑棋，黑❺接，白⑥再打，黑被全歼。

参考图 黑❶在右边接打白两子，白②先在上面向里面长一手，等黑❸挡后再在 4 位曲，黑不活。

第144题　黑先劫

这里黑棋侵入白角是在实战中常下出来的形状,黑仅有两子,还有手段做活吗?

正解图　黑❶扳,白②挡,黑❸虎是好手,白④打,黑❺做劫,白⑥提黑一子,黑❼提后成劫争。

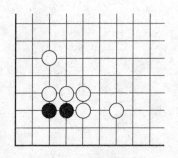

第144题

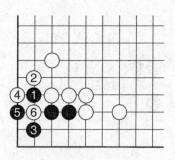

正解图　⑦=❶

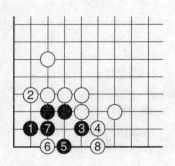

失败图

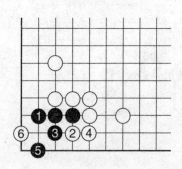

参考图

失败图　黑❶向里面尖,白②立下,黑❸扳,白④扳,黑❺虎,白⑥点入,黑❼挤打,白⑧立下后黑不活。

参考图　黑❶立,白②扳,黑❸挡,白④接上,黑❺虎,白⑥点后黑不活。

第145题　黑先白死

猛一看好像白棋已活,但黑有 ⬤一子"硬腿",且内有两子伏兵,可杀死白棋。

正解图　黑❶长入多送一子,妙手。由于黑有⬤一子,白②不得不提,黑❸再1位扑入,白④也只有提,黑❺再挤入,白⑥在上面吃黑一子,黑❼挤入,白死。

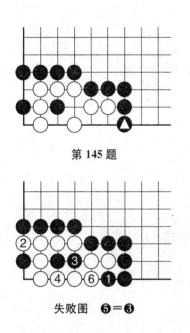

第145题

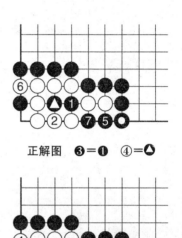

正解图　❸=❶　④=⬤

失败图　❺=❸

参考图　❸=❶　⑥=⬤

失败图　黑❶冲,白②在上面吃一子成一眼,黑❸挤已迟,白④提后,黑❺扑时白在6位接,活了。

参考图　当正解图中黑❸扑时白④在上面吃黑一子,黑❺卡入,妙!白⑥只有提黑❶一子,黑❼接回黑❺,白仍不活。

第 146 题　黑先活

黑棋围地太小了，而且有两子白棋伸入，黑要做活需动点脑筋。

正解图　黑❶在里面下出两个"空三角"来，却是所谓"愚形好手"。白②曲入，黑❸在角上做眼，白④接，黑❺接后已成活棋。

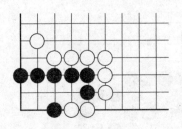

第 146 题

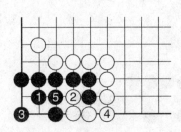

正解图

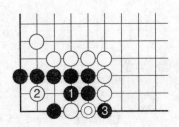

失败图　④＝◎

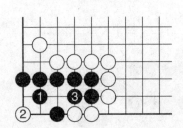

参考图

失败图　黑❶打，随手，里面是"刀把五"。白②点，黑❸虽提白两子，但白④扑入后不成眼，黑不活。

参考图　黑❶曲时白②在角上点，无理，黑❸在外面做眼，活得更大。

第 147 题　黑先活

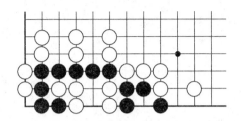

第 147 题

看起来好像很乱,其实不要想得太多,只管计算下去就行。

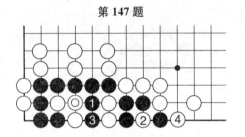

正解图　❺＝◎

正解图　黑❶冲,白②提黑三子,黑❸提白三子,白④提外面一子黑棋,黑在⑤位做活。

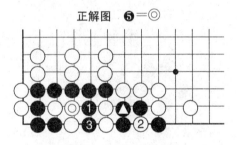

参考图一　④＝◎　❺＝▲

参考图一　正解图中黑❸提白三子时白④在◎位点入,黑❺可于▲位打吃白两子,活棋。

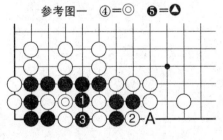

参考图二　④＝◎

参考图二　本图黑 A 位少一子,黑则不能活,因为黑❸后白④在◎位点入时,黑无法吃右边两子白棋。

第148题　黑先劫

黑棋无外气,下面又有两子白棋,黑棋要活不容易。

正解图　黑❶平,白②曲企图接回两子白棋,黑❸立即抛入,白④提,成劫。

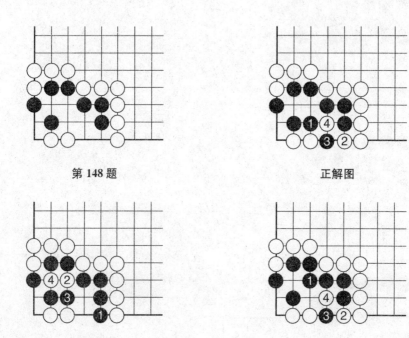

第148题

正解图

失败图

参考图

失败图　黑❶挡,白②打,黑❸扳打,白④提黑两子,黑棋不能活。

参考图　黑❶接上,防白在此断,白②冲入,黑❸扑入,白④提,黑已不活。

第 149 题　黑先活

黑棋要想活棋就必须利用内部一子黑棋。

正解图　黑❶在里面打,好棋! 白②提,黑❸再打,白④在▲位接上,黑❺做活。

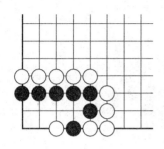

第 149 题

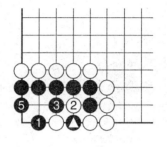

正解图　④＝▲

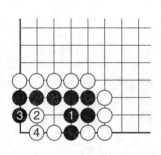

失败图

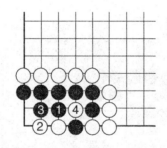

参考图

失败图　黑❶舍不得一子,接上。白②尖顶,黑❸曲,白④团,黑死。

参考图　黑❶改为在上面打,错。白②长,黑❸再打,白④提黑一子,成劫。

第150题 黑先活

黑棋无外气,而且两面皆有白棋"硬腿",但黑棋还能净活,只要肯动脑筋。

正解图 黑❶曲下,白②冲,黑❸挡,白④点时黑❺接是好手,白⑥冲,黑❼挡,黑棋活了。

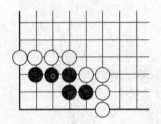

第150题

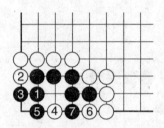

正解图

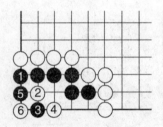

失败图

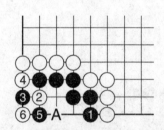

参考图

失败图 黑❶是想扩大眼位,但白②靠后尽管黑❸有夹的妙手,被白④打后也只好在5位曲,白⑥提,成劫。

参考图 黑❶在右边挡,白仍2位夹,黑❸只有扳,白④冲断,黑❺只好扳打,白⑥提也成劫。黑❸如改为4位立,白即于A位尖,则黑棋无法做活。

第 151 题 黑先活

被吃的子有时有相当的利用价值。本题就是利用⬤两子才做活的。

正解图 黑❶先在一线立下做成一只眼,同时要引回两子黑棋,白②提黑两子,黑❸再于上面挡,活棋。

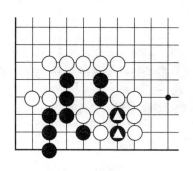

第 151 题

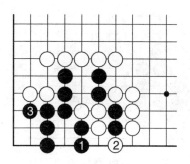

正解图

失败图

参考图

失败图 黑❶在上面挡,只做成一只眼,白②在下面打,黑已不活。

参考图 黑❶立时,白②到左边破眼,黑❸立下,白5位不能入子,只好到外面4位打,黑5位接并吃得白三子,活棋。

第152题　黑先活

黑棋上面已有一只"铁眼"，黑棋的任务是在下面做出另一只眼来，这要靠外面△一子黑棋援助才行。

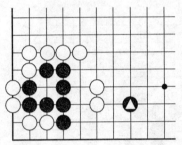

第 152 题

正解图　黑❶托以求渡过，白②扳阻渡。黑❸在下边一线虎，好手！白④接防断。黑❺做成一只眼，黑活。

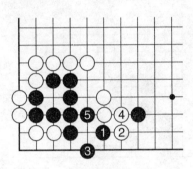

正解图

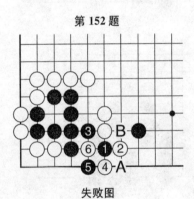

失败图

失败图　黑❶托，白②扳，黑❸向上虎，方向错误。白④立即打，黑❺只好做劫，白⑥提，成劫。以后白如在 A 位接，则黑 B 位断，白可作为一个劫材，接着再于 6 位提，还是劫争。

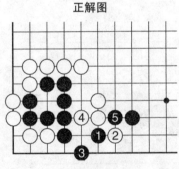

参考图

参考图　正解图中黑❸在一线虎时白④破眼，无理，黑❺断，白棋不行。

第153题 黑先白死

白棋左边已有一只"铁眼",黑棋的任务是利用上面▲一子"硬腿"来破坏白棋左边这个眼位。

正解图 黑❶先向里冲一手后,再在下面3位立下,白④接,黑❺扑入,白⑥只有提,黑❼挤入,白不成眼,已不能活了。

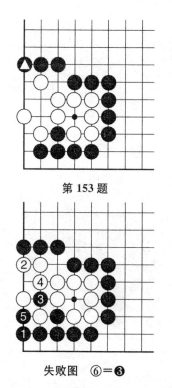

第153题

失败图 ⑥＝❸

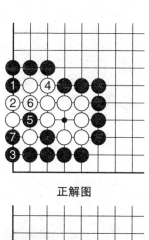

正解图

参考图

失败图 黑❶先在下面立,白②就在上面立,黑❸扑无用,白④提后,黑5位打,白⑥接已成一只眼,白活。

参考图 正解图中白④改在下面接,也不行,黑❺也换个方向扑,白⑥提,黑❼打,白仍不活。

第154题 黑先活

黑棋下面已有一个眼位,黑棋如何利用下面白棋的缺陷再做出另一只眼来呢?

正解图 黑❶跳点是瞄准白棋断点的一手好棋,白②接,黑❸也接上后白④挡,黑❺立,白⑥扳,黑❼挡,黑又成一只眼,活。

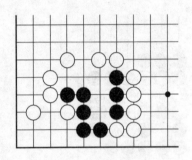

第154题

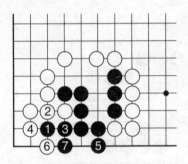

正解图

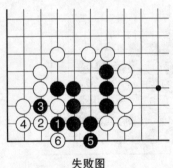

失败图

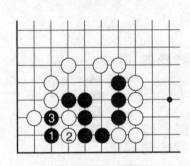

参考图

失败图 黑❶打,错! 白②不接而是挡住,黑❸提,白④接上,黑❺立,白⑥只要扳过黑就不能做出眼来,黑死。

参考图 黑❶点时白②冲下,无理! 黑❸立即冲入断头吃下白两子,黑活。

第155题　黑先劫

猛一看去白棋已有两只眼了，似乎无懈可击，但黑可发挥外面△一子的作用生出棋来。

正解图　黑❶先扑入，妙手！白②提后黑❸抛劫，白④无奈提劫。

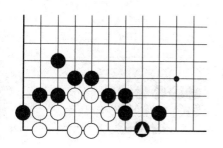

第155题

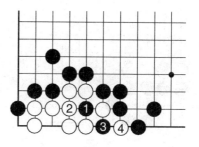

正解图

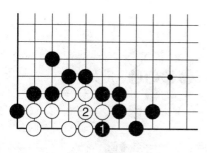

失败图

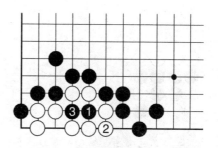

参考图

失败图　黑❶直接抛入，白②接已成眼，白活。

参考图　黑❶扑入时，白②在下面接，黑❸即提上面两子白棋，白反而连劫都没的打了，净死。

第156题　黑先活

黑棋无外气,右边又有白棋◎一子"硬腿",黑棋在做活时要注意这两点。

正解图　黑❶在下边一线团是正着,白②挖打,黑❸接上,白④接,黑❺提后成为"曲四",活棋。

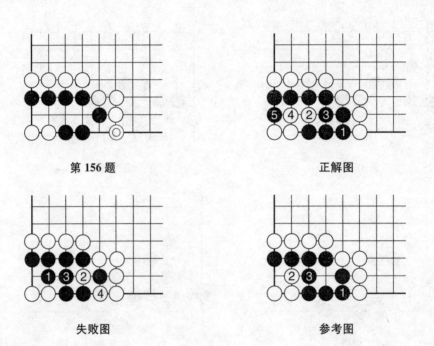

第156题

正解图

失败图

参考图

失败图　黑❶打吃里面两子白棋,白②扑入,黑❸只有提,白④挤打,黑死。

参考图　黑❶团时白②曲,黑❸只要接上即可活。

第157题　黑先劫

白棋看似已活,但白有无外气的缺陷。看似很简单的一题,但并不能算初级题了。

正解图　黑❶扑入,这是不容易发现的一个"盲点"。白②接,黑❸扳。由于白无外气不能在 A 位打,只好在 4 位提劫。

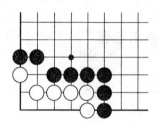

第 157 题

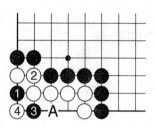

正解图

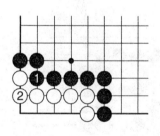

失败图

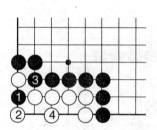

参考图　❺=❶

失败图　黑❶打,随手,白②只一接已成"直四",活了。

参考图　黑❶扑时白②提,黑❸就在上面打,白④做眼,黑❺提,仍成劫。但这是黑棋先手劫,对白棋来说应以正解图为准。

第158题　黑先劫

白棋既无外气，又有一个断头，黑棋利用好了可以生出手段来。

正解图　黑❶挖入，由于白无外气 A 位不能入子，白②只好接上，黑❸抛入，白④只好提劫。

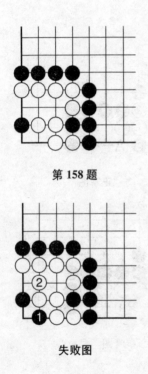

第 158 题

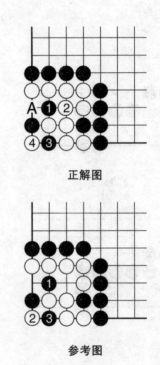

正解图

失败图　黑❶直接抛劫，白②就在上面接上，黑已无后续手段，白活。

参考图　黑❶挖时白②直接抛入也成劫。但这是黑棋先手劫，对白棋来说应以正解图为准。

第 159 题　黑先活

黑棋既无外气，又有断头，左边还有三子白棋立到一线，黑棋还有做活的可能吗？

正解图　黑❶以退为进，先做一眼，白②点，过分！黑❸冲下，白④冲入，黑❺断下白②一子，已活。

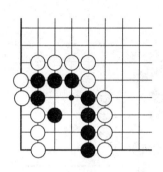

第 159 题

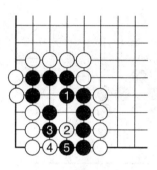

正解图

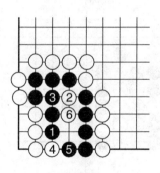

失败图

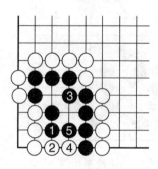

参考图

失败图　黑❶长，企图扩大眼位，白②在里面先打后再 4 位冲，黑❺挡，白⑥长出，黑没法活了。

参考图　黑❶长本是错着，但白②冲也错了，黑❸及时在上面做眼，白④再冲，黑❺挡住，黑反而活了。

第160题　黑先劫

白棋有缺陷,就看黑棋如何抓住这一机会了。

正解图　黑❶夹,好手! 白②只有扳,黑❸长,白④再在角上扳,黑❺打,白⑥接上打黑三子,黑❼提,成劫。黑❸长时白如6位接,则黑在4位立下,白棋反而不能活。

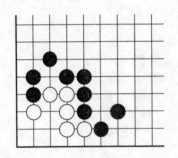

第160题

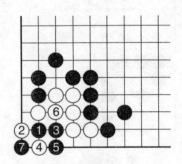

正解图

失败图　黑❶靠是没有仔细思考的一手棋。白②夹后即可活。

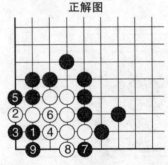

参考图

参考图　黑❶夹时白②立下,黑❸也立,白④紧气,黑❺在外面打,白⑥只有接,黑❼扳,白⑧打,黑❾立下后白不活。白⑧如改为9位打,则黑于8位长入,白仍不活。

第 161 题　黑先白死

对付这种白棋棋形,初学者要培养"第一感",白棋的死活要点不难找。

正解图　黑❶点,正中所谓"三子走中间"的要害。白②接,黑❸向外长,白④阻渡,黑❺断,白尾部数子被吃,白不活。

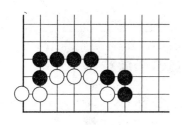

第 161 题

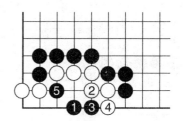

正解图

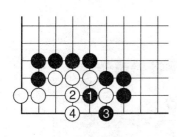

失败图

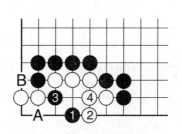

参考图

失败图　黑❶打吃白一子,白②反打,黑❸提,白④立下后活棋。

参考图　黑❶点时白②尖,黑❸尖断,白棋防扑在 4 位接。以后白如在 A 位则黑 B 位紧气,白两面不能入子,不能活。

第162题 黑先双活

本形叫作"盘角板八"。在白棋没有外气的情况下,要注意黑棋的各种手段,如对应不当则可能吃亏。

正解图 黑❶点时白②跳下,正确。黑❸向角里长,白④向外长,黑❺立,白⑥接,成为双活。白如有外气,白⑥当然改为 A 位打,活棋。

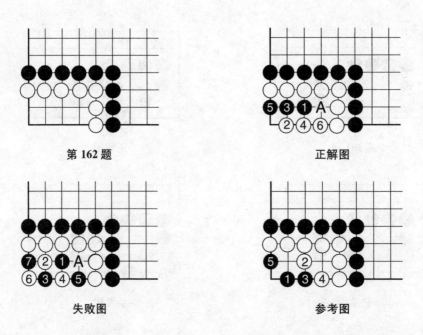

第162题

正解图

失败图

参考图

变化图 黑❶点时白②挡,黑❸扳,白④扑,黑❺提,白⑥抛入,黑❼成劫。黑❺提时,因为白无外气不能在 A 位打,只能 6 位抛入。

参考图 黑❶点在角部,白②团,黑❸长入,白④做眼,黑❺尖顶也成一眼,也是双活。和正解图比较起来黑多得二分之一子,但是后手。

第 163 题　黑先劫

黑棋已被填得严严实实,活动余地不多,但只要一步一步计算好仍可满意。

正解图　黑棋可下之处只有两点,黑❶扑入,白②提,黑❸抛入,白④只能提劫,这个结果黑棋应该满足了。

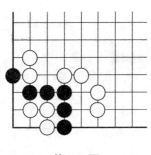

第 163 题

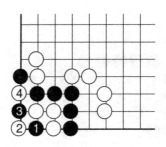

正解图

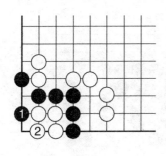

失败图

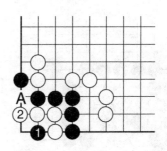

参考图

失败图　黑❶是黑可落子的另一点,但白②团后黑不能活了。

参考图　黑❶扑时白②立,黑可脱先他投,等白在外紧气、黑只剩两口气时,黑再在 A 位打即可活。

第164题　黑先白死

本题为典型的"两边同形走中间"。

正解图　黑❶顶,白②提黑一子,黑❸长出,白④提,黑❺扑入,白⑥提后黑❼在外面挤打,白死。

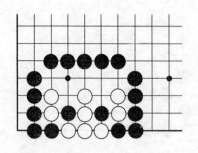

第164题

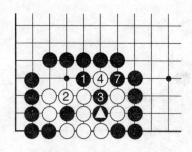

正解图　❺=❸　⑥=△

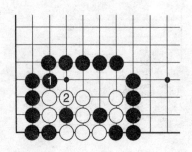

失败图

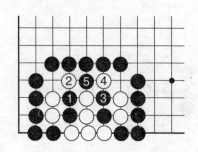

参考图

失败图　黑❶打,随手,白②提后,黑棋已经无法杀死白棋了。

参考图　黑棋也可以先在❶、❸两处长出后再5位顶,以后黑再按照正解图的方法,在1或3位扑入,白不活。

第165题　黑先白死

此题黑棋用填塞法可杀死白棋,但白如有两口外气,则不会死。

正解图　黑❶长入是正确的一手,白②挤,黑❸再送一子,白④提后成"牛头六",黑❺点,白死。黑❶如下在3位,则白于1位做眼,活棋。

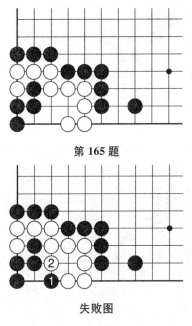

第165题

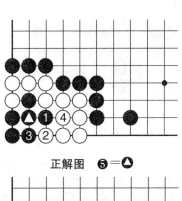

正解图　❺＝△

失败图

失败图　黑❶尖顶,随手,白②打已成活棋。

参考图

参考图　当白有两口外气时,黑是无法杀死白棋的。黑❶长,白②在里面扑入,好手! 黑❸提后白④打,黑棋被吃,白活。这叫作"长气杀小眼",初学者应掌握这一手法。

169

第 166 题　黑先劫

这个形状叫作"小猪嘴"，初学者应该熟悉这个形状和杀法。

正解图　黑❶点入，白②做眼，黑❸在外面立，白④团，黑❺抛入，白⑥提，成劫。

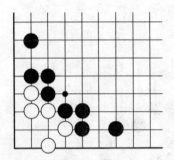

第 166 题

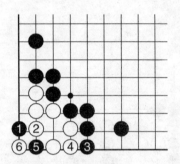

正解图

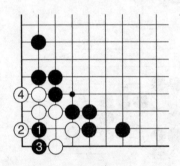

失败图

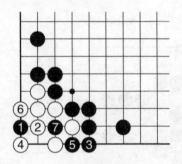

参考图

失败图　黑❶在里面点，白②扳，黑❸立，白④在上面做眼，已活。

参考图　黑❶点时白②做眼，黑❸立，白④改为在角上抛劫，黑❺就在右边挤打，白⑥提黑一子，黑❼在右边提劫。本图与正解图的区别是白是后手劫。

第167题 黑先白死

此形叫作"大猪嘴",黑先白不能活。初学者也应掌握这种杀法。

正解图 黑❶先扳,白②打,黑❸点,白④团时黑❺在外面立下,白⑥顶,黑❼扑,白⑧提,黑❾挤入,白死。初学者应谨记杀"大猪嘴"的三个步骤:"扳""点""立"。

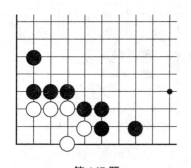

第167题

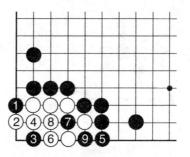

正解图

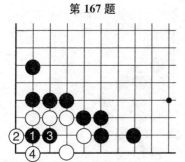

失败图

参考图

失败图 黑❶夹,白②扳,黑❸长,白④再扳,白活。如黑❸在4位立,则白在3位做眼,仍可活。

参考图 黑❶扳,白②打,黑❸点时白④改为做眼,黑仍于5位立下,白⑥团时黑❼长入打,白仍不活。

第168题 黑先活

黑棋只有一只眼,要活棋只有吃白子才行。所幸黑有△一子"硬腿",且白棋有三个断头,怎样利用这一优势是黑棋的任务。

正解图 黑❶先扑一手,是必须交换的一手。等白②提后黑❸再冲入,白④接断头,黑❺打后白三子接不归,黑活。

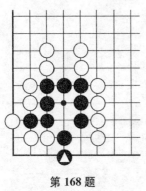

第168题

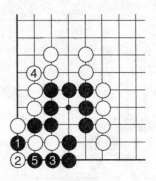

正解图

失败图

参考图 ④＝❶

失败图 黑❶直接冲,少了一个在2位扑的次序,白②接,黑❸再冲,白④接断头,黑❺打,白⑥正好接上,黑棋不能活。

参考图 正解图中白④在1位接,黑❺打,白6位接过于随手,黑❼在上面打全歼白棋,黑收获颇丰。

第169题　黑先白死

黑棋不要以为自己在白棋内部有一子就容易杀死白棋。

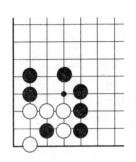

第169题

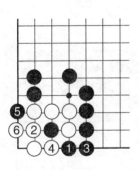

失败图

正解图　黑❶点是死活要点,白②阻渡,黑❸接上后,白棋已死。

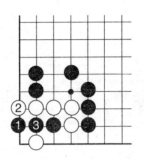

正解图

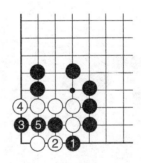

参考图

失败图　黑❶杀企图渡回一子,白②接打,好手!黑❸接,白④提一子成一眼,黑❺扳,白⑥一挡即活。黑❸如在4位接,则白可在3位提三子黑棋,可成一眼。

参考图　黑❶渡时白②打是以错对错,黑❸点,白④阻渡,黑❺接,白不活。

第170题　黑先劫

猛一看白棋像是"三眼两做"，但仍有缺陷。黑需仔细推敲，找出杀棋要点。

正解图　黑❶点入是要点。白②曲做一眼，黑❸退回，白④在右边立做眼，黑❺抛入，白⑥只好提，成劫，黑可满意。

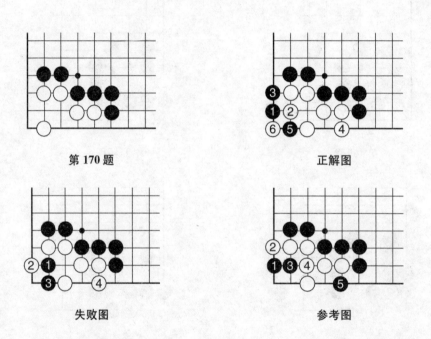

第170题

正解图

失败图

参考图

失败图　黑❶夹，白②扳，黑❸立下后，白④在右边做眼，白活。

参考图　黑❶点时白②阻渡，过分！黑❸长入，白④只好接上，黑❺扳后白死。

第171题 黑先白死

这也是角上常见之形,黑棋靠 ⬢ 一子"硬腿"可杀死白棋。

正解图 黑❶利用黑⬢一子嵌入是 "盲点"。白②打,黑❸立,白④打时黑❺ 挤入,白⑥提后黑❼在 1 位扑入,白⑧只 能提,黑❾在外面打,白不活。

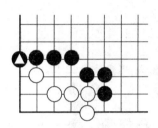

第 171 题

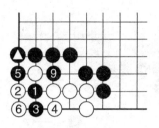

正解图 ❼=❶ ⑧=❸

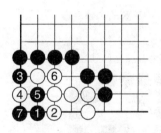

失败图 ⑧=④

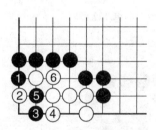

参考图

失败图 黑❶点,白②挡下做 成了右边一只眼,黑❸冲,白④挡, 黑❺打时白⑥接,好手! 黑❼提, 白⑧反提黑三子,活。黑❺挤时白 不能在 7 位提,如提黑两子则成正 解图,白死。

参考图 黑❶冲,白②挡,黑❸点时 白在 4 位立,黑❺长,白⑥接后也活。

第172题　黑先白死

本题黑要用填塞法杀死白棋，但不能填错地方。

正解图　黑❶硬团，白②扩大自己，黑❸曲，白④接上后白已死，是无用之着，黑❺可脱先，以下不过是演示杀棋过程而已。白⑥提，里面成了"牛头六"，黑❼点，白死。

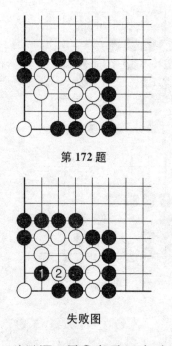

第 172 题

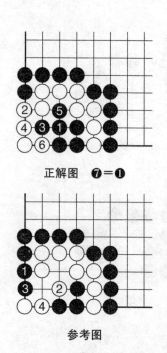

正解图　　❼＝❶

失败图　黑❶尖顶，正好为白棋制造了做劫的机会，白②抛入，成劫。

参考图　黑❶长企图用压缩法杀死白棋。白②打黑三子，黑❸再挤入，白④提黑三子后活了。

第 173 题 黑先活

这是实战中常见之形,关键是黑棋无外气,要注意内部一子白棋的作用。

正解图 黑❶顶,白②夹,黑❸接是好手,白④企图渡过时黑❺在右边打,即成一个眼位,同时让白◎一子接不归,黑活。

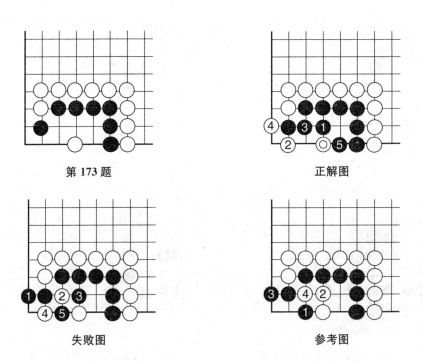

第 173 题

正解图

失败图

参考图

失败图 黑❶向左边立,是希望扩大眼位,白②尖断,黑❸打时白④扳,黑❺只好提,成劫争。黑棋不算成功。

参考图 黑❶在下边一线尖顶白一子,白②上长,黑❸向角上立,白④打。由于黑气太紧,右边不能紧气,黑不能活。

第174题　黑先活

黑棋在下面一线似乎只能成一眼,但黑可利用上面白棋的缺陷做活。

正解图　黑❶立看似简单,但内涵很深,白②在上面接是正应,黑❸立下成"直四",活。

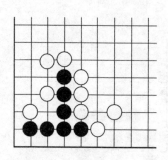

第174题

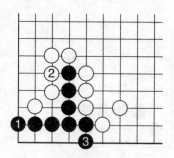

正解图

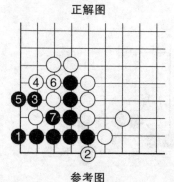

失败图

参考图

失败图　黑❶先在上面冲,随手,白②挡,黑❸立时白④在下面扳入,黑❺挡仅成"直三",白⑥点,黑死。

参考图　黑❶立时白②在一线扳,黑❸嵌入,好手! 白④打,黑❺立下,白⑥接,黑❼截下白一子,又成一只眼,黑活。白④如在6位接,则黑仍在7位吃白一子,活。

第175题　黑先白死

本题为实战中常见之形,白棋很有弹性。

正解图　黑❶在一线立下也是"盲点",白②在上面扩大眼位,黑❸扳,白④挡,黑❺托入,白⑥顶,黑❼扑入是常用手段,白⑧提,黑❾挤入后白死。

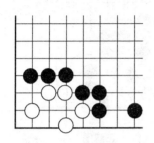

第175题

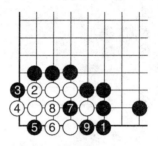

正解图

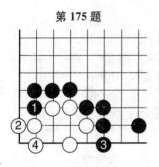

失败图

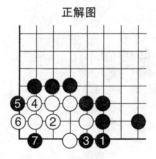

参考图

失败图　黑❶曲挤,白②立下,黑❸在一线立下,白④在角上做眼,活。

参考图　黑❶立时白②做眼,黑❸就打,白④扩大眼位,黑❺扳,白⑥打后黑❼点,白仍不活。

第176题　黑先白死

黑棋在 A 位有断头,所以本题看起来简单,但不动点脑筋,白棋就会轻易活出。

正解图　黑❶长入是胆大心细的一手棋,白②打是必然一手,白④提,黑❺立下,好! 白 A 位不能入子,以后白如 B 则黑 A,白不活。

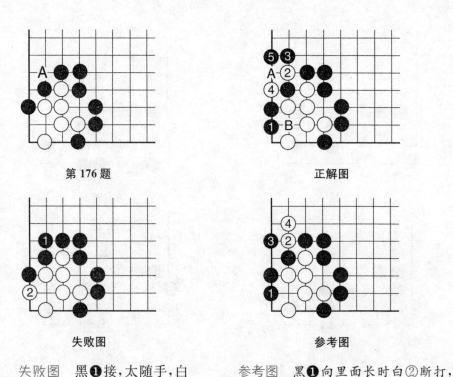

第 176 题

正解图

失败图

参考图

失败图　黑❶接,太随手,白②只简单地做眼就活了。

参考图　黑❶向里面长时白②断打,黑❸在一线打,白④长出,黑吃亏更大。

做死活题时要培养第一感,有了第一感再逐渐推敲下去这是做对死活题的方法之一。

第177题　黑先劫

黑棋内部不大,而且形状不完整,有断点,要想净活是不可能的。但白棋 A 位有个断头,黑棋如利用得当,则可以劫活。

正解图　黑❶在一线虎是意外之好手,白②点,黑❸抛入。由于白 A 位有断头不能在 B 位接,只好 4 位提,成劫争。黑满意。

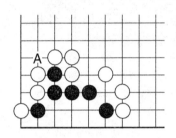

第177题

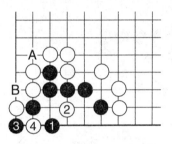

正解图

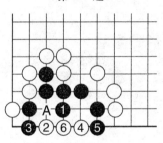

失败图

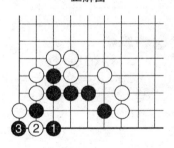

参考图

失败图　黑❶是想做成双活,白②点,黑❸挡,白④再点,黑❺挡,白⑥接上。由于黑 A 位是断头,所以是个假双活。

参考图　黑❶虎时白②直接抛劫,黑❸提,也是劫争。和正解图比起来,本图白是后手劫,不如在正解图中有利。

第178题　黑先白死

本题是实战中常见之形,黑棋的关键是第二手棋。

正解图　黑❶尖顶是很容易发现的一手棋,白②接后,黑❸在外面扳是好手,白④打,黑❺接后白 A、B 两处均不能入子,只有等着黑棋在 C 位紧气。

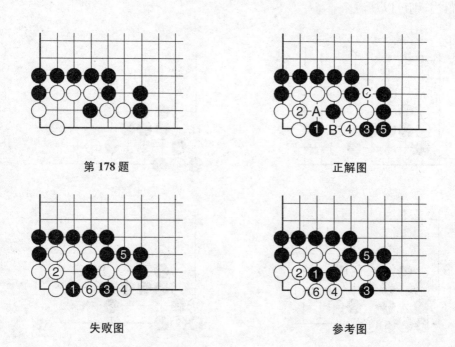

第 178 题

正解图

失败图

参考图

失败图　黑❶尖,白②接,黑❸在里面扳,方向错了。白④打,黑❺紧气,白⑥提劫,黑不能满意。

参考图　黑❶向里长,白②接,黑❸扳,白④打,黑❺打,白⑥提后活。

第179题　黑先活

黑棋要利用自身二线可长出的优势。

正解图　黑❶在一线虎,方向正确,白②打,黑❸接,白④挡后黑❺做活。

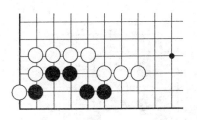

第179题

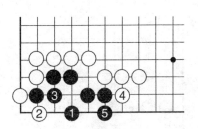

正解图

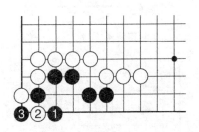

失败图

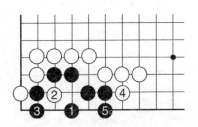

参考图

失败图　黑❶虎,方向错了,白②立即抛入,黑❸只好提,成劫争。黑棋失败。

参考图　正解图中黑❶虎时白②打,黑❸立下仍成一只眼,白④在右边挡后黑❺做眼,黑棋仍然活。

第180题 黑先白死

这是白棋入侵角部形成的一个常形,黑棋稍一不慎白棋就可做活。

正解图 黑❶托,白②打,黑❸挤入,白④提后里面是一个"刀五"形,黑❺点,白已无法做活。

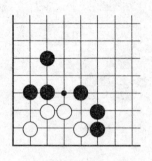

第180题

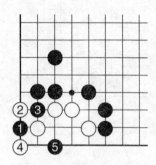

正解图

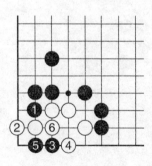

失败图

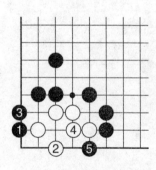

参考图

失败图 黑❶曲挤,白②立,黑❸点时白④尖,黑❺长,白⑥做活。黑如在6位长,则白于5位打,仍可活。

参考图 黑❶托时白②在里面做眼,黑❸退,白④接,黑❺扳,白不活。

第181题 黑先白死

白棋围地很大,而且角上已有一个眼位,但黑仍可利用右边▲一子"硬腿"杀死白棋。

正解图 黑❶是所谓"三子走中间",白②顶,黑❸下扳。因为有▲一子"硬腿",所以白7位不能入子,只好4位打,黑❺接,白6位打,黑❼再接上,白中间只有两个假眼,白不活。

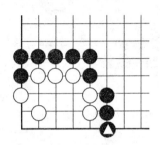

第181题

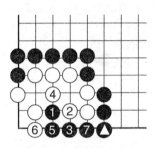

正解图

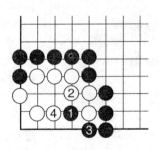

失败图

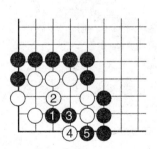

参考图

失败图 黑❶夹,白②接,黑❸渡过,白④打后活。

参考图 黑❶靠时白②顶,黑❸平,白④扳,黑❺冲入后白不活。

第182题 黑先活

黑棋是一个常形,但要依靠黑●一子才能做活。

正解图 黑❶曲下,白②点,黑❸挡下,角上已有一个眼位了,白④接,黑❺提白三子。以后白6在△位扑入,黑❼反提之后黑也成一眼,活。

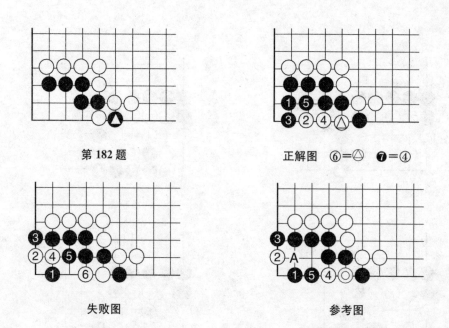

第182题

正解图 ⑥=△ ❼=④

失败图

参考图

失败图 黑❶跳也是做活常用的手段,白②点,黑❸阻渡,白④长入,黑❺顶,白⑥长入,黑棋不能活。

参考图 黑❶跳,错,但黑❸挡时白④长也错,黑❺提后A、◎两处黑棋必得一处,活。这是白棋次序错误的结果。

第183题 黑先白死

黑棋可以依靠白棋内部一子黑棋和下面❤一子"硬腿"来杀死白棋。

正解图 黑❶先依托❤一子"硬腿"跳入，白②只有挡下，黑❸扳打，白④提后黑❺退出，这样形成了"有眼杀无眼"，白棋不活。

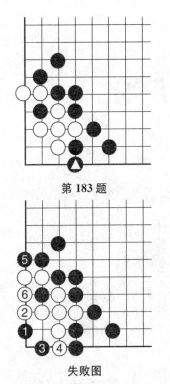

第183题

失败图

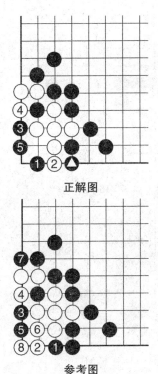

正解图

参考图

失败图 黑❶先在左边点，白②挡下，黑❸尖，白④阻渡，黑❺打，白⑥提后成为双活。黑棋失败。

参考图 黑❶在下面冲，白②挡，黑❸打，白④提，黑❺长出，白⑥打，黑❼虽在外面打，但来不及了，白⑧提黑两子后已成活棋。

第184题　黑先连环劫

白棋虽然形状不完整且无外气，但尚有弹性。

正解图　黑❶点入，白②团住，黑❸挤入打，白④抛入，黑❺提。以后白在4位提时黑在A位提，这叫"连环劫"，白不能算活棋。

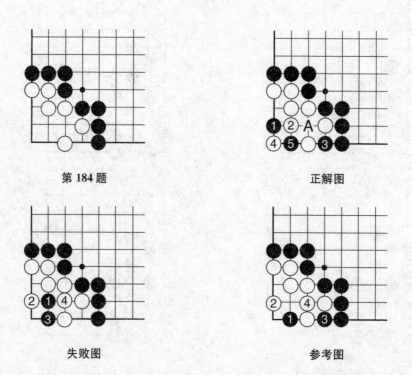

第184题

正解图

失败图

参考图

失败图　黑❶靠，失误。白②扳，黑❸立时白④打，白活。

参考图　黑❶靠入，白②尖做眼，黑❸打，白④接后已活，黑失败。

第185题　黑先白死

白棋内部有三子黑棋，而且两边好像还可以做眼。黑棋怎样才能杀死白棋呢？

正解图　黑❶团形成"方块四"，白②在左边做眼，黑❸扳，巧妙！白④虽提得黑棋四子，但黑❺在⚪位反打白三子，白三子被吃，不活。这就是"倒脱靴"手法。

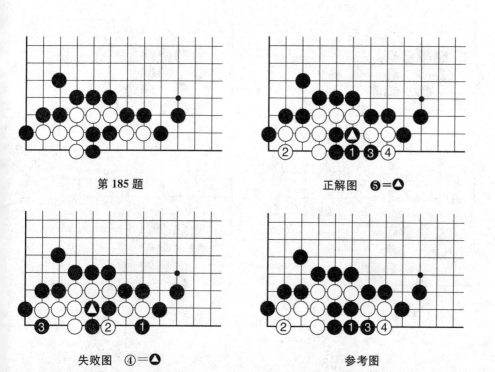

第185题

正解图　❺＝⚫

失败图　④＝⚫

参考图

失败图　黑❶先在右边扳打，白②提黑三子后成为"三眼两做"，黑❸扳，白④做活。

参考图　正解图中白②做眼时，黑❸在里面打，方向错了，白④提黑五子后已活。

第 186 题　黑先活

这也是实战中常见之形,黑棋因有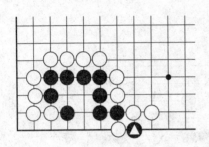一子才能做活。

正解图　黑❶在里面做眼是"盲点",白②点,黑❸挡,白④提黑△一子,黑❺冲下后活了。

第 186 题

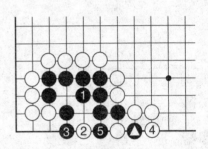

正解图

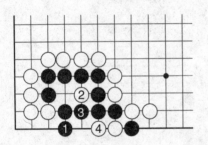

失败图

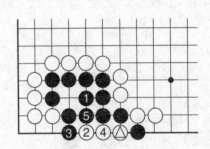

参考图　⑥＝△　❼＝④

失败图　黑❶立,白②点入,黑❸打,白④长入后黑不活。

参考图　正解图中黑❸挡时白④提,黑❺可提白三子,白⑥扑入,黑❼在 4 位提白△后仍活。

第187题 黑先活

初学者应该第一眼就能看出"两边同形走中间"的要点。

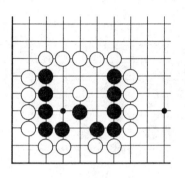

第187题

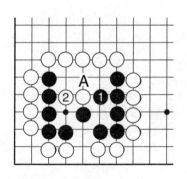

失败图

正解图 黑❶下在中间,白②长,黑❸阻渡,白④再长,黑❺挡,成了双活。

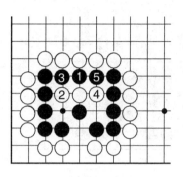

正解图

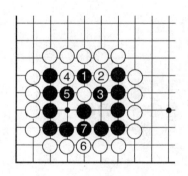

参考图

失败图 黑❶急于做右边一只眼,但白②平后黑不能活。白②如在A位接,则黑下在2位可活。

参考图 黑❶时白②冲,黑❸打白一子,白④再冲,黑❺提白一子,白⑥在下面接,黑❼也接上,黑活。

第188题 黑先活

本题黑棋有两个断头要做活和外气有关。

正解图 黑❶在右边虎,方向正确,白②断,黑❸打,白④扳,黑❺做活。白④如在5位扳,则黑即在4位做活。

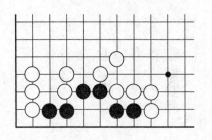

第188题

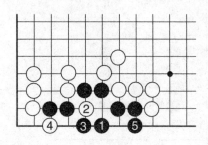

正解图

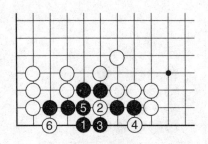

失败图

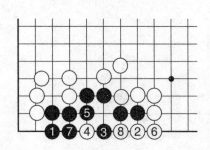

参考图

失败图 黑❶在左边虎,方向错了,白②断,黑❸打,此时因为黑右边两子无外气,所以白④可以扳打,黑❺不得不提,白⑥再在左边扳,黑死。

参考图 黑❶立扩大眼位,白②扳,黑❸虎,白④靠入,黑❺打时白⑥接上,黑❼虽提白一子,但白⑧挤入后,黑棋不能活。

第189题　黑先白死

白棋虽然围地不小,但有缺陷,黑棋只要能抓住这一缺陷就能置白棋于死地。

正解图　黑❶先夹,白②立下阻渡,黑❸断,白④打,黑❺打,白⑥提后黑❼打,消灭了白中间的眼位,黑再在9位扳,白⑩挡后黑⓫曲下,白不能做活了。

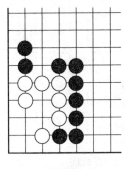

第189题

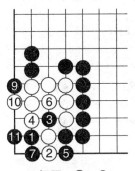

正解图　⑧＝❸

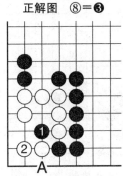

失败图

失败图　黑❶在下面扳,白②退,黑❸长,白④立,黑❺在上面扳,白⑥打后成了"曲四",活。

参考图

参考图　黑❶直接断,不行,白②向角上一长,白即活了。白②不可A位立,如立,则黑2位扳,可成正解图,白不活。

第190题　黑先活

黑棋本身是无法做活的,只有依靠右边三子外援才能做活。

正解图　黑❶立下,是为渡到外面和右边三子黑棋连通。白②接阻渡,黑❸再立,白④挡后成"盘角板六",外有一口气,黑❺做活。

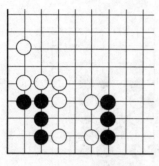

第190题

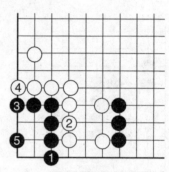

正解图

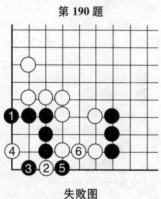

失败图

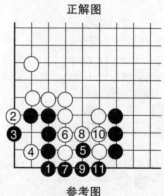

参考图

失败图　黑❶在上面立,方向不对,白②扳入,里面是"刀五",白④当然点。黑❺提后白⑥接上,黑不活。

参考图　黑❶立,白②扳后在4位点,黑❺就在右边挖,白⑥接,黑❼渡,白⑧打,黑❾接,白⑩只有接上,黑⓫渡过。

第 191 题　黑先白死

"三子走中间"有时也不能用。

正解图　黑❶点在白棋内部,白②挡,黑❸向里长,白④打,黑❺在里面打,妙! 白⑥立下,黑❼打,因为有❶、❸两子黑棋,白右边两子接不归,死。黑❶如直接在 5 位打,则白 A 位反打,黑提白一子,白 2 位立就活了。

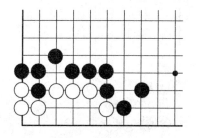

第 191 题

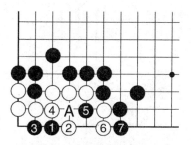

正解图

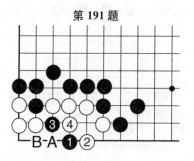

失败图

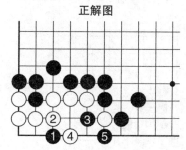

参考图

失败图　黑❶按"三子走中间"下,此题不行,因为白外面有一口气。白②尖顶,黑❸尖断时白④打,白活。黑❸如在 A 位长,则白于 B 位打,仍可活。

参考图　黑❶点时白在 2 位接,黑❸打,白④打,黑❺提白一子后,白已无法做活。

第192题 黑先活

这是黑棋点入白角的一个常形,黑棋只要找到白棋的缺陷就能做活。

正解图 黑❶先冲一手,是非常必要的,白②挡后黑❸虎,白④点入,黑❺曲,白⑥在外面接上,黑❼扑入,白⑧提,黑❾在外面打,白⑩挤入打,黑⓫提两子白棋,白⑫提右边两子黑棋,黑⓭"打二还一"反提白⑫。黑棋活。

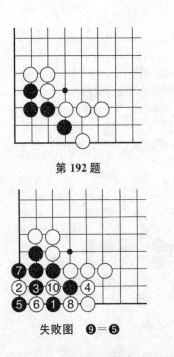

第192题

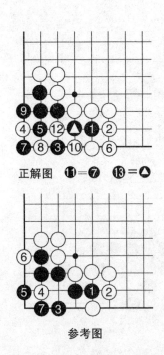

正解图 ⓫=❼ ⓭=△

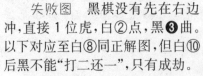

失败图 ❾=❺

参考图

失败图 黑棋没有先在右边冲,直接1位虎,白②点,黑❸曲。以下对应至白⑧同正解图,但白⑩后黑不能"打二还一",只有成劫。

参考图 正解图中白④改为上面点,黑❺扳后成"三眼两做"。白⑥如扳,则黑❼做活;白⑥如4位立,则黑于6位做活。

第193题 黑先活

这是角上常见之形,初学者应仔细弄清这个形状活棋的过程。

正解图 黑❶跳下是正解,白②点,黑❸接后右边已成一只眼,白④提去黑▲一子后,黑❺留下白②一子,活棋。

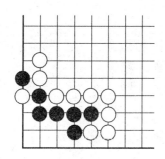

第193题

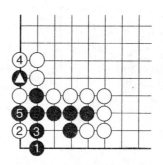

正解图

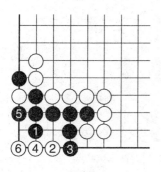

失败图

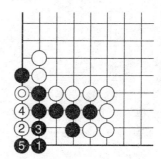

参考图 ⑥=◎ ❼=④

失败图 黑❶曲,白②点,黑❸阻渡,白④向角里长,黑❺提白一子,白⑥长入角内成为"盘角曲四",黑棋不活。

参考图 正解图中黑❸时白④接,则黑❺提三子白棋,白⑥扑入后黑❼提,同时也成了一只眼,仍然活棋。

第194题 黑先白死

仔细观察就会发现本题其实是"大猪嘴"的变形，这样就好思考了。

正解图 黑❶扳，白②虎，以下黑❸在上面扳，白④打，黑❺点，白⑥做眼，黑❼接上后 A、B 两处必得一处，白棋不活。

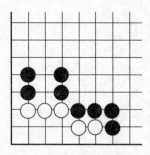

第194题

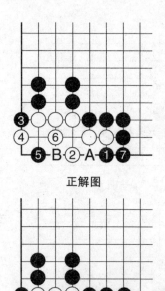

正解图

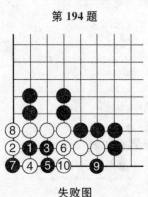

失败图

参考图

失败图 黑❶夹，白②扳，黑❸向里长，白④再在角上扳，黑❺打，白⑥紧气，黑❼提子，白⑧接上，黑❾在右边扳破眼，白⑩挤成"胀牯牛"，白棋活。

参考图 正解图中黑❺点时白⑥接，黑❼仍然接上，白⑧顶，黑❾扑入，白⑩只有提，黑⓫挤入打，白棋已不能活了。

第195题 黑先白死

白棋角上虽大但只有一个眼位,黑棋的任务是不让白棋右边成眼。

正解图 黑❶靠入,是典型的"三子走中间"。白②顶,黑❸退后白右边已成了假眼。以下白④不过是在挣扎而已,黑❺点,白⑥挡,黑❼扳,白⑧打,黑❾长出后白已不活。

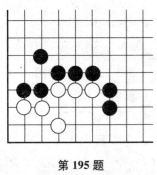

第195题

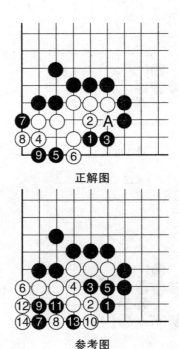

正解图

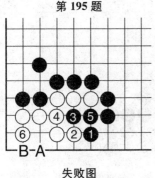

失败图

失败图 黑❶尖后白②顶,黑❸挖破坏上面眼位,白④打,黑❺接,白⑥曲后黑已无法杀死白棋了。黑如A位点,则白只要B位立下即可活。

参考图

参考图 在外气够的情况下,白可在6位立下,黑❼点时白⑧挡下,黑❾上长,白⑩再在右边立,黑⓫打,白⑫紧气。以下对应至白⑭成"胀牯牛",白活。

第196题 黑先活

黑棋内部不大,又有一子白棋,要活不是很容易的。

正解图 黑❶尖才是正着,白②立下,黑❸当然接上,白④破眼,黑❺打后白三子被吃,黑活。

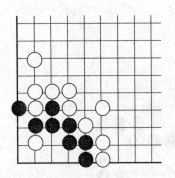

第196题

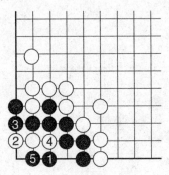

正解图

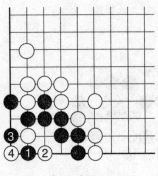

失败图

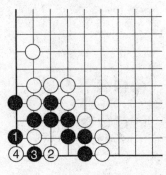

参考图

失败图 黑❶夹虽是常用活棋手段,但白②打后,黑❸只好扳,白④提,成劫争。

参考图 黑❶扳,随手,白②尖,妙手!黑❸只有抛入,白④提仍然成劫。白②如在3位立,则黑在2位尖,黑活。

第 197 题　黑先活

黑棋内部含有两子白棋,好像很容易做活,请不要想得那么简单。

正解图　黑❶在下面一线立下,先保证角上一只眼,正确! 白②逃出,黑❸打,黑棋已活。

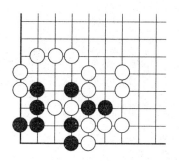

第 197 题

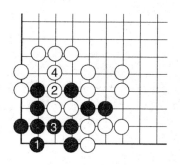

正解图

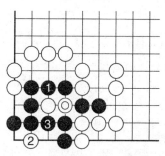

失败图　④＝◎

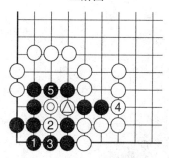

参考图　⑥＝△　❼＝◎

失败图　黑❶打企图吃白两子,白②点,黑❸虽提白两子,但白④扑入后,黑棋不活。黑❶如在下面 3 位打,则白仍在 2 位点,黑不活。

参考图　黑❶立时,白②曲下企图破坏黑眼位,黑❸在一线接上,白④打黑两子,黑❺提白三子,虽然白⑥在△位扑入,但黑❼反提后成一只眼,黑活。这也是前面讲过的“提对方三子可成一只眼”。

第198题 黑先活

本题黑棋形状很怪,上面黑棋只有一口气。但黑仍有特殊手段可做活。

正解图 黑❶挤,同时做出一只眼来,白②打黑三子,黑❸多送一子,妙!白④提黑四子后产生了断头,黑❺打吃得白三子,黑活。这是典型的"倒脱靴"的下法。

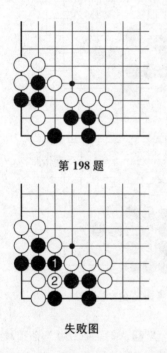

第198题

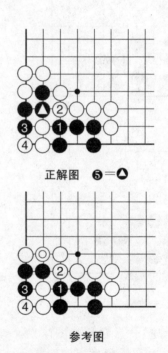

正解图 ❺=▲

失败图

参考图

失败图 黑❶想和下面黑子连起来,但白②挤入,黑已无后续手段。

参考图 如果在◎处是白子,则黑棋不能活。黑❶挤,白②团,黑❸吃,白④提后,黑棋已无后续手段。

第 199 题　黑先劫

黑棋缺陷太多,围地不大,活动余地也很小,黑棋还有手段做活吗?

正解图　黑❶在左边一线曲入是不容易想到的所谓"盲点"。白②做劫,黑❸提成劫争。白②如 3 位接,则黑在 2 位打,可以活棋。

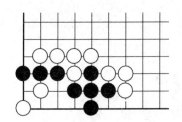

第 199 题

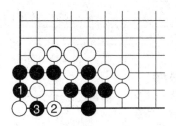

正解图

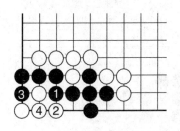

失败图

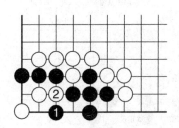

参考图

失败图　黑❶接,白②虎,黑❸打时,白④接上成为"丁四"。即使黑提四子白棋,白在 4 位点,黑死。

参考图　黑❶尖也不行,白②只简单地挤入,黑就不能活了。

第200题　黑先活

黑棋左边已有一只眼,怎样做出右边的一只眼是本题的关键。

正解图　黑❶曲下是弃子手法,白②在一线打,黑❸尖是好手,白只有4位提,黑❺做出一只眼来。白②如改为4位打,则黑在5位打,白也只有2位提,黑可在3位做出眼来。

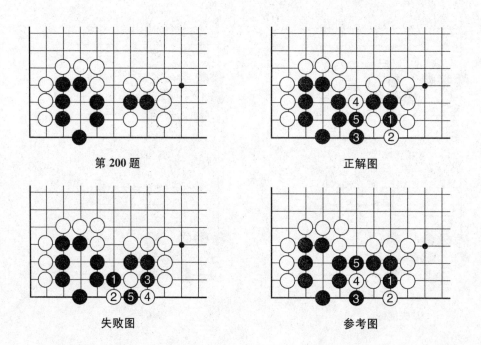

第200题

正解图

失败图

参考图

失败图　黑❶直接顶,白②扳入,黑❸冲下,白④打黑三子,黑❺只好提白一子,成劫争。黑棋不成功。

参考图　黑❸尖时白④挤,黑❺就接上,白两子接不归被吃,黑活。

第201题 黑先劫

黑棋外无气,且内有两子白棋,要净活不容易,能成劫就可以满意了。

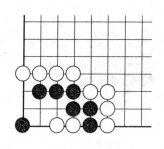

第201题

正解图 黑❶最大限度扩大自己,白②顶时黑❸打,白④提黑一子,成劫争。

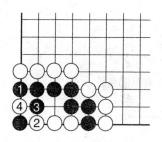

正解图

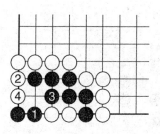

失败图

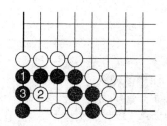

参考图

失败图 黑❶急于打白两子,白②曲入,黑❸提白两子,白④挤入,黑不活。

参考图 黑❶立下后白②尖,黑❸就接上,成为双活,黑棋更满意。

第202题　黑先活

黑棋角部不大,但仍能用角部的特殊性做活。

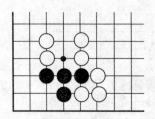

第202题

正解图　黑❶向内尖是做活的妙手,白②在上面立下,黑❸就做活了。

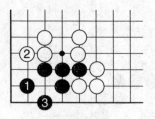

正解图

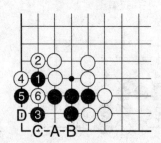

失败图

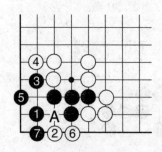

参考图

失败图　黑❶先扳,错!白②挡后黑❸再虎,白④打,黑❺只能打,白⑥提成劫。黑❺如6位接,则白在A位点,黑B、白C后黑死。黑❺如在A位做眼,则白D位托入,黑不活。

参考图　黑❶尖时白②点入,黑❸在上面扳,白④挡,黑❺做眼,白⑥退回,黑❼立下,由于白A位不能入子,黑活。

第 203 题　黑先活

黑棋好像很好做活,但要注意防白◎一子"硬腿"的威胁。

正解图　黑❶立下是防白右边"硬腿"的最佳下法。白②在外面紧气,黑❸长入,白④打,黑❺正好接上吃掉白两子,显然活了。

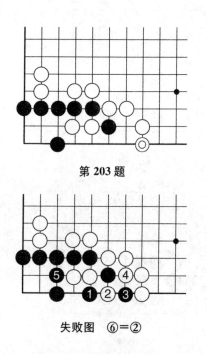

第 203 题

正解图

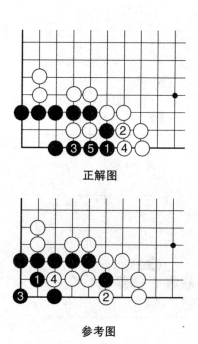

失败图　⑥=②

参考图

失败图　黑❶扳想吃白两子,是欲速则不达。白②扑入,黑❸提,白④挤打,黑接不归,黑❺打,白⑥提两子黑棋,黑左边仅成"方块四",不能活。

参考图　黑❶企图在角上做活,白②在一线打吃,好手! 黑❸做眼,白④挤入后黑不活。

第204题 黑先活

猛一看黑棋好像是"三眼两做"。但黑棋有断点,做活时要重视。

正解图 黑❶先在右边断一手是必要的过程,白②打,黑❸打,等白④提后黑再在5位挡下,黑活。

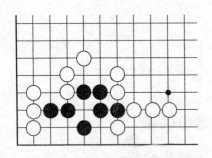

第204题

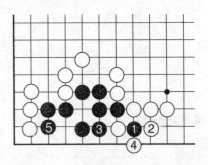

正解图

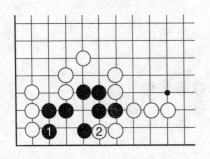

失败图

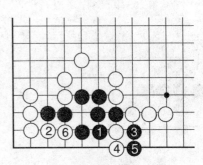

参考图

失败图 黑❶一上来就在左边挡,随手!白②只一挤入,黑就不能做活了。

参考图 黑❶在右边团也不行,白②曲,黑❸打时白④立,黑❺只好跟着打,白⑥在左边一挤,黑上面成了假眼,不活。

第 205 题　黑先劫

白棋角上围地不小,但黑棋仍有机可乘。

正解图　黑❶扳,白②扳,黑❸连扳是在不断压缩白棋,白④打,黑❺在一线打,白⑥提,成劫争。

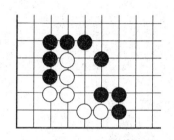

第 205 题

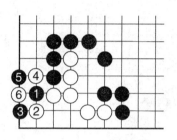

正解图

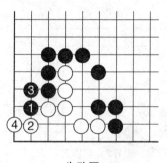

失败图

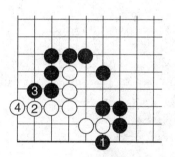

参考图

失败图　黑❶扳时白②扳,黑❸接,胆子太小,白④立下后活棋。

参考图　黑❶在一线扳,不行,白②、④只要立下就活了。

第206题 黑先活

黑棋看似很好做活，但是不会弃子是不行的。

正解图 黑❶跳，好手！白②打吃黑两子，黑❸反打，白④提，黑❺立，角上成"直四"，活。黑❶跳时白②如3位冲下，则黑2位接，活。

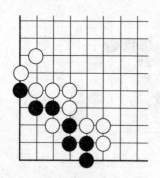

第206题

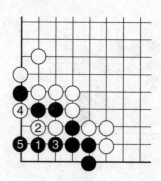

正解图

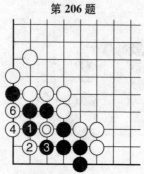

失败图 ❺=◎

失败图 黑❶打吃白一子，白②扳，黑❸提一子，白④扳，黑❺接后，白⑥提黑一子就接回了，黑死。

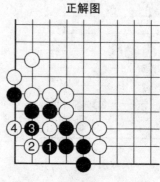

参考图

参考图 黑❶在下面打，白②扳，黑❸提时白④扳，黑仍不行。黑❶打时白不可在3位打，如打则黑❷打，成了正解图，黑可做成"直四"，活棋。

第 207 题 黑先活

黑棋能活动的地方不多,但仍有办法做活。

正解图 黑❶跳下是"盲点",白②冲,黑❸挡后白④不得不接,黑❺在上面曲下做成眼位,活棋。

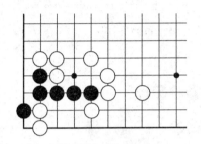

第 207 题

正解图

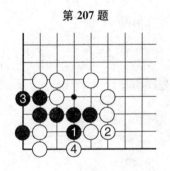

失败图

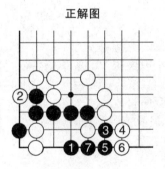

参考图

失败图 黑❶挡,白②接上,黑❸在上面做眼,白④扳渡过两子白棋,黑不活。黑❸如在 4 位阻渡,则白 3 位扳,黑不活。

参考图 黑❶跳下后白②在左边扳破眼,黑❸断,白④打后黑❺立,白⑥打,黑❼接上,黑棋仍然活了。

第208题 黑先白死

白棋虽围地不小,但外气太紧,黑棋可杀死白棋。

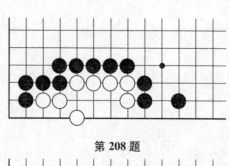

第208题

正解图 黑❶扳也属于"盲点",白②打,黑❸点入,白④立下做眼,黑❺挤入打,白⑥提,黑❼在外面打,白三子接不归,白死。

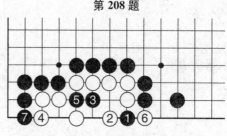

正解图

失败图 黑❶先点,白②在左边做眼,黑❸再扳时,白④长入是好手,黑❺想渡回打吃白子,白⑥接后黑两子接不归,白活。

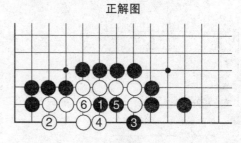

失败图

参考图 黑❶扳时白②做眼,黑❸长入后A、B两处必得一处,白不能活。

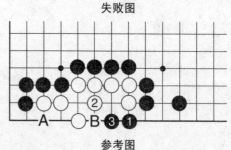

参考图

第 209 题 黑先白死

这是白棋侵入黑角常见的一个形状,黑棋要仔细考虑怎样才能杀死白棋。

正解图 黑❶点入是正解,白②尖顶时黑❸曲下,白④打,黑❺立,白棋右边不能成眼,白死。

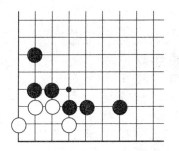

第 209 题

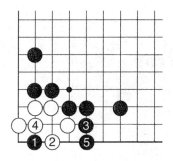

正解图

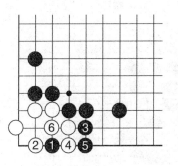

失败图

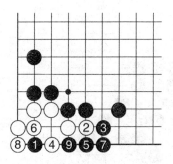

参考图

失败图 黑❶点错方向。白②尖顶,黑❸挡时白④挡下,黑❺打,白⑥接,白棋已经活了。

参考图 黑❶点时白②先向外长一手,企图扩大眼位。黑❸挡,白④尖顶,黑❺扳,白⑥打时黑 7 位接,白依然要在 8 位提,黑❾挤入后白也不活。

第 210 题　黑先白死

白棋角上只有一个眼位,所以黑棋只要让上面白棋做不出另一只眼来就可成功。

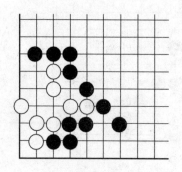

第 210 题

正解图　黑❶扑入,白②提,黑❸曲,以后 A、B 两处黑必得一处,白棋做不出眼来。黑❶位扑是初学者不易发现的一点。

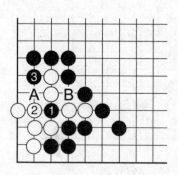

正解图

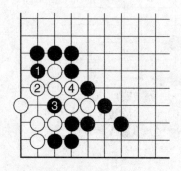

失败图

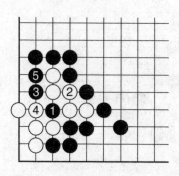

参考图

失败图　黑❶先曲,白②挡,黑❸此时扑入已不行,白④接上就活了。

参考图　黑❶扑入时白②接,黑❸跳入打吃,白④只有提,黑❺接上。白棋是假眼,不能活。

第 211 题 黑先白死

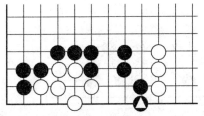

第 211 题

白棋似乎已成了"三眼两做",但黑棋⚫一子可发挥作用。杀棋时黑棋要注意到外面三子白棋的威力。

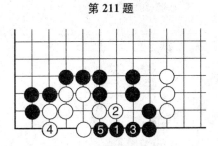

正解图

正解图 黑❶在右边一线点,方向正确。白②压长,黑❸接,白④在左边立下做眼,黑❺挤入,白不活。

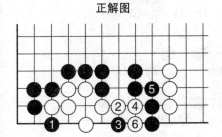

失败图

失败图 黑❶先在左边扳入,方向错误。白②向右边长出,黑❸点,白④冲,黑❺只好接回两子,白⑥曲下截住黑一子,活棋。

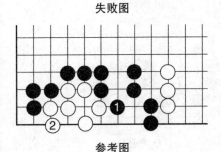

参考图

参考图 黑❶在右边挡,随手。白②在左边立下就活了。

第 212 题　黑先白死

白棋内含两子黑棋,右边可成一只眼,左边又有可能吃一子黑棋成眼,黑棋还有手段杀死白棋吗? 请仔细找找要点在哪。

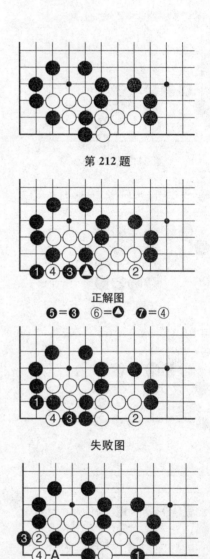

第 212 题

正解图　黑❶在左边一线虎是个"盲点",白②到右边做出一只眼来,黑❸曲出,白④提黑三子,黑❺反提白一子,白⑥打,黑❼在 4 位上接,白左边成一只假眼,不能活。

正解图

❺＝❸　　⑥＝▲　　❼＝④

失败图　黑❶接是没有仔细思考的一手,白②在右边做眼就活了,黑❸曲多送一子,白④提后黑棋已无后续手段,白棋可活。

失败图

参考图　黑❶在右边扳,白②打,黑❸打,白④立,白活。白④不可在 A 位提,如提则黑可 4 位抛劫。

参考图

第213题 黑先白死

白棋右边已有一只"铁眼"，黑棋下面一线又有断头。黑棋怎样才能不让白棋左边成眼是本题的关键。

正解图 黑①接是个"盲点"，初学者往往容易忽视这一点。白②在上做眼，黑❸挖入，白④打，黑❺接，白不活。白②如在5位顶，则黑在4位挖，白仍做不出眼来。白②如改在4位，则黑只需5位一长，白即死。白②如改在3位，则黑在2位长，白仍无法做出眼来。

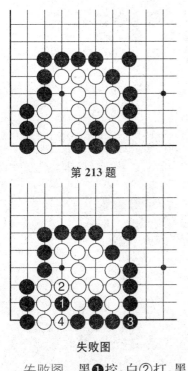

第213题

正解图

失败图 黑❶挖，白②打，黑在外面接，白④提一子，活。

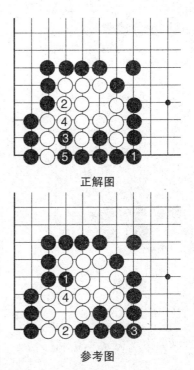

失败图

参考图

参考图 黑❶在上面挤入，白②打，黑❸接后白④成眼，活。

第214题　黑先活

黑棋围地很小,又有白子扳入,所幸还有一口外气可以做活。

正解图　黑❶扑入,白②提,黑❸靠,白④接,黑❺打后成"曲三",白⑥接回两子,黑❼正好做活。

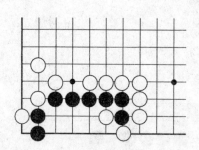

第214题

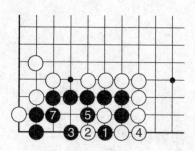

正解图　⑥=❶

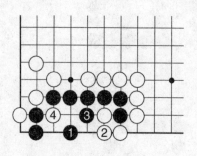

失败图

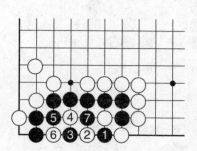

参考图

失败图　黑❶跳下,白②接,黑❸挡已无用,白④点,黑不活。

参考图　正解图中黑❸靠时白④反打,黑❺打,白⑥提黑一子。黑因有一口外气,可以于7位挤入,白数子接不归,黑活。

第 215 题 黑先白死

如何利用好白棋内部 ● 一子黑棋是杀死白棋的关键。

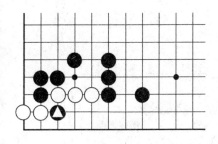

第 215 题

正解图 黑 ❶ 扳,白 ② 打,黑 ❸ 接时白 ④ 追打,黑 ❺ 立下,白不活。

正解图

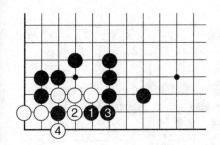

失败图

失败图 黑 ❶ 在右边扳,白 ② 打,黑 ❸ 接,白 ④ 提黑一子,活。黑 ❸ 如在 4 位立,则白即于 3 位打吃黑子,活得更大。

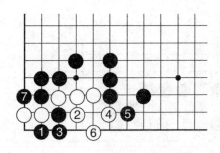

参考图

参考图 正解图中黑 ❸ 接时白 ④ 扳,黑 ❺ 挡,白 ⑥ 做眼,黑 ❼ 在上面打吃白两子,白仍不能活。

第216题　黑先白死

这是实战中常见之形,黑棋是利用白棋两个断头和上面白棋气紧来杀死白棋的。

正解图　黑❶当然是"三子走中间",白②顶后黑❸长,白④向外逃是无用之着,黑❺挡后白⑥顶,黑❼打后,白已无法做活了。

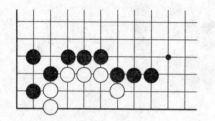

第216题

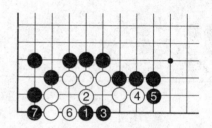

正解图

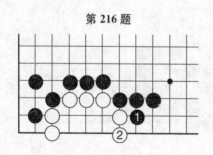

失败图

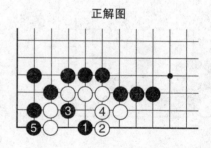

变化图

失败图　黑❶太随手,白②只要立下就成活棋。

变化图　黑❶点时白②尖顶,黑❸尖断,白④防倒扑只有接,黑❺打,白不能活。

第 217 题　黑先劫

本题与第 278 题的区别是白棋上面有一口气,这样黑棋就不能净杀白棋了。

正解图　黑❶点在中间,白②尖顶,黑❸上长,白④向外长,黑❺挡住,白⑥曲下做眼。以后黑❼断,白⑧打,黑❾提子,成劫。

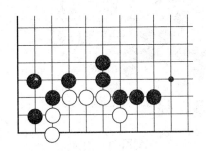

第 217 题

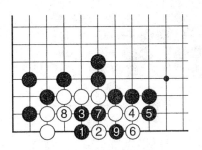

正解图

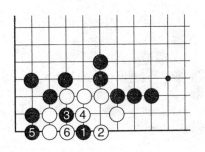

失败图

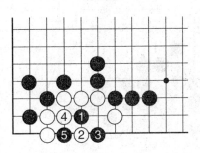

参考图

失败图　白②尖时黑❸尖,错。白因为上面有一口气,故可在 4 位打,黑❺打时白⑥提黑两子,活。

参考图　黑❶点时白②夹,黑❸打,白④挤入,黑❺提,仍是劫争。

第218题　黑先劫

本题白棋虽然上面无外气，但角上有特殊性，黑不能净杀白棋。

正解图　黑❶夹，白②立，黑❸断，白④打，黑❺扳，成劫，白只好6位提劫。

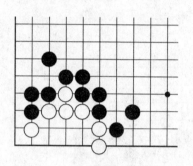

第218题

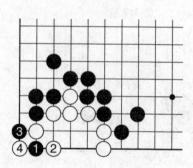

正解图

失败图

参考图

失败图　黑❶扳，随手，白②立下，已活。

参考图　黑❶夹时白②如打，则黑❸渡过，白④提，仍是劫争。

第219题　黑先白死

黑棋不仅要杀死白棋,还要防止白棋在 A 位渡过。

正解图　黑❶夹既可杀白棋,又可防白渡过。白②打,黑❸退回同时打吃白棋,白④提,黑❺在下面扳,白死。白②如下在 A 位,则黑可 B 位打。

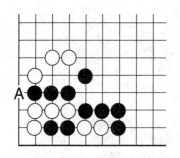

第 219 题

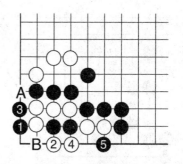

正解图

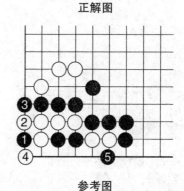

失败图

失败图　黑❶在右边打,白②打一手后,等黑❸提白两子白再在 4 位渡过。黑棋只吃了白两子,不满足。

参考图　黑❶夹时白改为在 2 位打,黑❸打并且阻渡,白④提,黑❺在下面打吃白两子,白死。

第220题　黑先白死

白棋内含三子黑棋,上面又可以做眼,黑棋应从何处下手?

正解图　黑❶先团一手,白②到上面做眼,黑❸扳,白④立成了一只眼。黑❺到下面打白两子,白⑥提,黑❼在里面打,白⑧提,但黑❾再打,白被吃。这是黑棋对"倒脱靴"的具体运用。

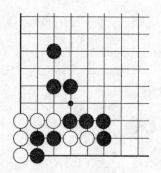

第220题

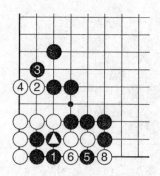

正解图
❼=❹　❾=❶

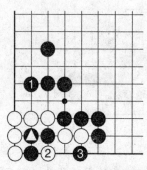

失败图　④=❹

失败图　黑❶在上面立以防白做眼,白②提黑三子,黑❸扳,白④做活。

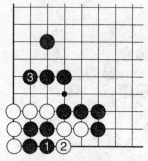

参考图

参考图　黑❶团时白②提,黑❸在上面立下,白成"方块四",不活。

第221题　黑先劫

黑棋右边有白棋◎一子"硬腿"，上面又有二线一子白棋，要想净活不容易。

正解图　黑❶先做出右边一只眼，白②靠入，黑❸冲，白④渡过，黑❺扑入，白⑥提后黑❼抛入，成劫。

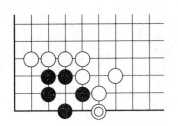

第221题

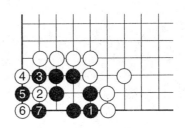

正解图

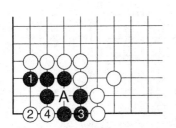

失败图

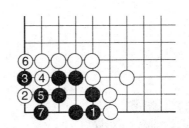

参考图

失败图　黑❶在上面挡，白②点，好！黑❸做眼，白④打，黑死。白②如在3位打，则黑在2位做眼，白只能A位提，成劫争。

参考图　黑❶做眼时白②小飞，黑❸跨下，白④打，黑❺反打，白⑥提，黑❼立下就活了。

第222题 黑先活

这是实战中常见之形,黑棋有断头、缺口,要想做活就要动一点脑筋。

正解图 黑❶在一线虎,同时照顾到了黑棋的两个缺陷。白②扳,黑❸曲下,白④冲,黑❺挡,黑已活。

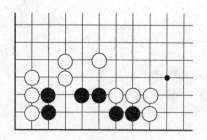

第222题

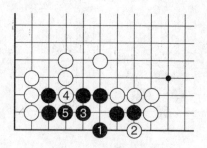

正解图

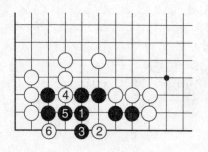

失败图

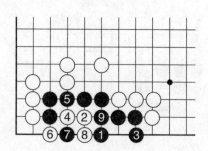

参考图

失败图 黑❶直接曲,白②点,黑❸立,白④冲,黑❺挡后白⑥扳,黑不活。

参考图 黑❶虎时白②靠入,黑❸在右边立下做眼,白④长,黑❺接上,白⑥渡,黑❼扑,白⑧提时黑❾打,白三子接不归,黑仍活。

第223题　黑先白死

这是白棋侵入黑角后的常见形状,由于 A 位白棋没有补上,所以黑棋可以杀死白棋。

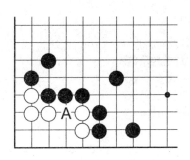

第 223 题

正解图　黑❶扳,白②退,黑❸再在上面扳入,白④跳下,黑❺点,白⑥阻渡,黑❼长入,白⑧打,黑❾长后白死。

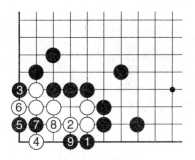

正解图

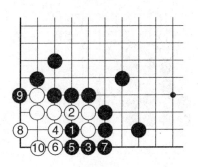

失败图

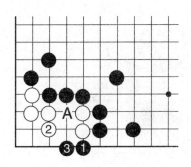

参考图

失败图　黑❶夹,白②接上,黑❸渡过,白④、⑥连打后在 8 位已成为"两眼三做",黑❾扳,白⑩做活。

参考图　黑❶扳时白②曲,黑❸只需长白就做不活了。白②如在 3 位打,则黑 A 位冲下,白仍不活。

第 224 题　黑先活

黑棋无外气,且内有白棋◎一子,要做活不易。

正解图　黑❶顶,白②上长,破眼。黑❸立下,白④长,成为双活。

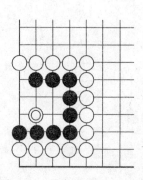

第 224 题

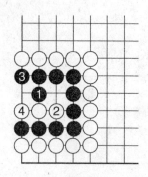

正解图

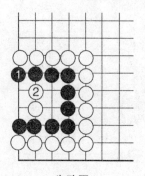

失败图

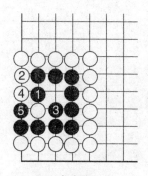

参考图

失败图　黑❶急于立下,白②只需平一手黑棋就无法做活了。

参考图　黑❶顶时白②冲,黑❸打,白④再冲,黑❺提白一子,活。

第 225 题　黑先活

黑棋左边已有一个眼位,怎样在右边再做出一只眼来是黑棋的任务。

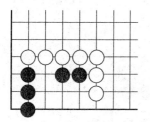

第 225 题

正解图　黑❶跳下,是保证右边一只眼的好点。白②冲,黑❸挡,白④冲,黑❺挡,黑活。

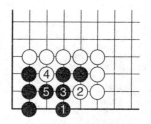

正解图

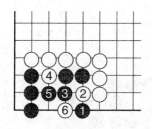

失败图

失败图　黑❶跳,错,白②冲后黑❸挡,白④再冲,黑❺挡,白⑥扑,黑死。

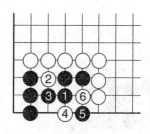

参考图

参考图　黑❶曲下,白②冲,黑❸挡后白④飞托,黑❺打,白⑥挤,黑不能活。

第226题　黑先活

黑棋好像很容易做活,但切不可随手。

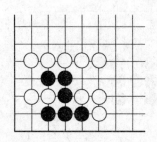

第 226 题

正解图　黑❶冲,白②渡过,黑❸跳是要点,白④接,黑❺打,白⑥接上,黑❼在右边立下成为"直四",活棋。

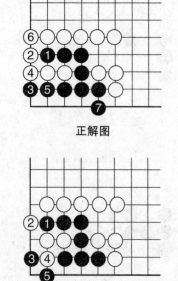

正解图

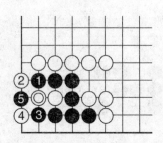

失败图　⑥=◎

参考图

失败图　白②渡过时黑在3位打,随手,白④扳,好手! 黑❺虽提得两子白棋,但白⑥"打二还一",在◎位提黑❺,黑不活。

参考图　正解图中黑❸跳时白④冲,黑❺打,白三子接不归,黑活。

只有把各种技巧综合起来利用,才能解决一些比较高级的死活,提高自己做活和杀棋的能力。